여러분의 합격을 응원하는
해커스공무원의 특별 혜택

PDF 실력 플러스! 한자성어 100(PDF)

해커스공무원(gosi.Hackers.com) 접속 후 로그인 ▶ 상단의 [교재·서점 → 무료 학습 자료] 클릭 ▶
본 교재의 [자료받기] 클릭하여 이용

해커스 매일국어 어플 이용권

G2OKXP82YLNQIJHD

구글 플레이스토어/애플 앱스토어에서 [해커스 매일국어] 검색 ▶
어플 다운로드 ▶ 어플 이용 시 노출되는 쿠폰 입력란 클릭 ▶
쿠폰번호 입력 후 이용

▲ 어플 다운로드

* 쿠폰 이용 기한 : 등록 후 1년간 사용 가능
* 해당 자료는 [해커스공무원 국어 기본서] 교재 내용으로 제공되는 자료로, 공무원 시험 대비에 도움이 되는 유용한 자료입니다.
* ID당 1회에 한해 등록 가능

신민숙 선생님 패스 20% 할인쿠폰

528E3B98D3FD5AN9

해커스공무원(gosi.Hackers.com) 접속 후 로그인 ▶ 상단의 [나의 강의실] 클릭 ▶
좌측의 [쿠폰등록] 클릭 ▶ 위 쿠폰번호 입력 후 이용

* 쿠폰 이용 기한 : 등록 후 7일간 사용 가능
* ID당 1회에 한해 등록 가능

쿠폰 이용 관련 문의 1588-4055

단기 합격을 위한
해커스  커리큘럼

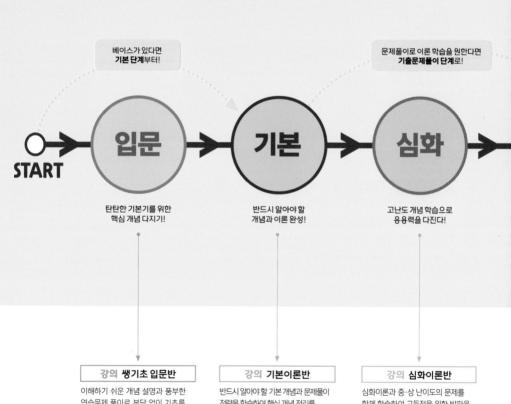

베이스가 있다면
기본 단계부터!

문제풀이로 이론 학습을 원한다면
기출문제풀이 단계로!

START

입문 → **기본** → **심화**

탄탄한 기본기를 위한
핵심 개념 다지기!

반드시 알아야 할
개념과 이론 완성!

고난도 개념 학습으로
응용력을 다진다!

강의 쌩기초 입문반

이해하기 쉬운 개념 설명과 풍부한
연습문제 풀이로 부담 없이 기초를
다질 수 있는 강의

강의 기본이론반

반드시 알아야 할 기본 개념과 문제풀이
전략을 학습하여 핵심 개념 정리를
완성하는 강의

강의 심화이론반

심화이론과 중·상 난이도의 문제를
함께 학습하여 고득점을 위한 발판을
마련하는 강의

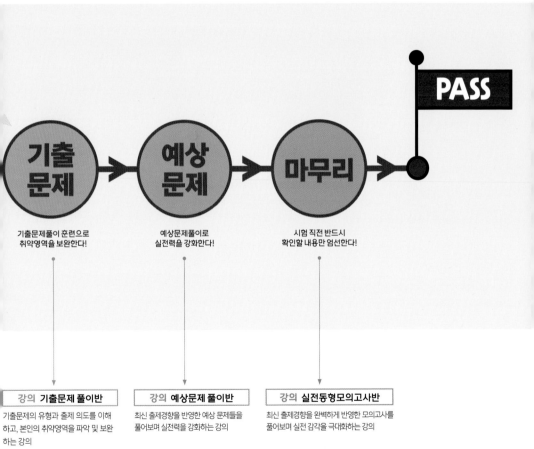

PASS

기출문제

기출문제풀이 훈련으로
취약영역을 보완한다!

예상문제

예상문제풀이로
실전력을 강화한다!

마무리

시험 직전 반드시
확인할 내용만 엄선한다!

강의 기출문제 풀이반

기출문제의 유형과 출제 의도를 이해
하고, 본인의 취약영역을 파악 및 보완
하는 강의

강의 예상문제 풀이반

최신 출제경향을 반영한 예상 문제들을
풀어보며 실전력을 강화하는 강의

강의 실전동형모의고사반

최신 출제경향을 완벽하게 반영한 모의고사를
풀어보며 실전 감각을 극대화하는 강의

강의 봉투모의고사반

시험 직전에 실제 시험과 동일한 형태의
모의고사를 풀어보며 실전력을 완성하는 강의

해커스공무원

신민숙
필수 한자성어
300

🏛 해커스공무원

해커스공무원

신민숙
필수 한자성어
300

초판 2쇄 발행 2022년 9월 21일

초판 1쇄 발행 2021년 6월 28일

지은이	신민숙
펴낸곳	해커스패스
펴낸이	해커스공무원 출판팀

주소	서울특별시 강남구 강남대로 428 해커스공무원
고객센터	1588-4055
교재 관련 문의	gosi@hackerspass.com
	해커스공무원 사이트(gosi.Hackers.com) 교재 Q&A 게시판
	카카오톡 플러스 친구 [해커스공무원노량진]
학원 강의 및 동영상강의	gosi.Hackers.com

ISBN	979-11-6662-434-6 (13710)
Serial Number	01-02-01

공무원 교육 1위,
해커스공무원(gosi.Hackers.com)

해커스공무원

· 해커스공무원 국어 수강후기 1위 신민숙 선생님의 본 교재 인강(교재 내 할인쿠폰 수록)
· 기출부터 예상 한자성어까지 마스터하는 실력 플러스! 한자성어 100
· 공무원 국어 무료 동영상 강의, 1:1 맞춤 컨설팅, 합격수기 등 공무원 시험 합격을 위한 다양한
  학습 콘텐츠
· 필수어휘와 사자성어를 편리하게 학습할 수 있는 해커스 매일국어 어플

[공무원 교육 1위] 한경비즈니스 선정 2020 한국소비자만족지수 교육(공무원) 부문 1위
[해커스공무원 국어 수강후기 1위] 해커스공무원 국어 수강후기 게시글 작성수 기준(18.06.01~19.05.31 기준)

목차

해커스공무원
신민숙 필수 한자성어 300

책의 **구성**

🍃 기본 구성

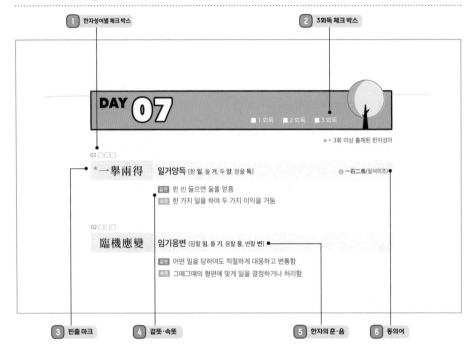

①	한자성어별 체크 박스
②	3회독 체크 박스
③	빈출 마크
④	겉뜻·속뜻
⑤	한자의 훈·음
⑥	동의어

① 한자성어별 체크 박스　회독을 하면서 암기 여부를 체크하고, 복습 시 외우지 못한 한자성어 위주로 학습할 수 있습니다. (√: 외운 한자성어, △: 확실히 외우지 못한 한자성어, ×: 외우지 못한 한자성어)

② 3회독 체크 박스　DAY별로 1/2/3회독마다 암기 여부를 체크할 수 있도록 하였습니다.

③ 빈출 마크　기출 시험*에 3회 이상 출제된 한자성어에는 '★'을 표시하여 중요도를 파악할 수 있도록 하였습니다.
* 14개년 국가직/지방직/서울시/법원직/경찰/소방직/국회직/기상직/교행직/사복직/군무원 포함

④ 겉뜻·속뜻　한자성어의 의미를 '겉뜻'과 '속뜻'으로 구분하여 더 쉽게 암기할 수 있도록 하였습니다.

⑤ 한자의 훈·음　개별 한자어의 훈과 음을 통해 한자성어의 의미를 쉽게 이해할 수 있도록 하였습니다.

⑥ 동의어　본문 한자성어와 의미가 같은 한자성어를 수록하여 여러 한자성어를 동시에 암기할 수 있도록 하였습니다.

🌿 추가 구성

Daily Quiz

각 DAY 마지막에 '독음 기재형' 문제와 '의미 연결형' 문제로 구성된 Daily Quiz를 수록하여, 그날 학습한 한자성어를 바로 확인해볼 수 있도록 하였습니다.

실전 문제

10DAY마다 실제 시험에서 빈출되는 6가지 유형으로 구성된 실전 문제를 수록하여, 암기한 한자성어를 확인함과 동시에 실전 감각을 키울 수 있도록 하였습니다.

색인

본문 한자성어 300개를 ㄱㄴㄷ순으로 정리하여 각 한자성어가 책의 어느 페이지에 있는지 쉽게 찾아볼 수 있게 하였고, 3회 이상 출제된 한자성어는 파란색으로 표시하여 중요 한자성어만을 골라서 확인할 수 있도록 하였습니다.

망각 방지 학습 플랜

한자성어를 공부하는 30일 동안 메인 학습과 반복 학습을 병행할 수 있는 가장 효과적인 학습 플랜과 시험 전 막판 5일 동안 전체를 빠르게 마무리할 수 있는 학습 플랜을 수록하였습니다. 학습 플랜을 그대로 따라가기만 하면 망각할 틈도 없이 저절로 한자성어가 암기됩니다.

망각 방지 **학습 플랜**

🪶 30일 학습 플랜

매일 각 DAY 한자성어를 집중적으로 학습하되, 2~30일까지 2회독 반복 학습하고, 16~30일까지 3회독 반복 학습합니다.
10DAY 분량을 학습한 후에는 실전 문제로 실력을 테스트해보세요.

		1일	2일	3일	4일	5일
1주	메인	☐ DAY 01	☐ DAY 02	☐ DAY 03	☐ DAY 04	☐ DAY 05
	반복		☐ [2회독] DAY 01	☐ DAY 02	☐ DAY 03	☐ DAY 04
2주	메인	☐ DAY 06	☐ DAY 07	☐ DAY 08	☐ DAY 09	☐ DAY 10 실전 문제 1
	반복	☐ DAY 05	☐ DAY 06	☐ DAY 07	☐ DAY 08	☐ DAY 09
3주	메인	☐ DAY 11	☐ DAY 12	☐ DAY 13	☐ DAY 14	☐ DAY 15
	반복	☐ DAY 10	☐ DAY 11	☐ DAY 12	☐ DAY 13	☐ DAY 14
4주	메인	☐ DAY 16	☐ DAY 17	☐ DAY 18	☐ DAY 19	☐ DAY 20 실전 문제 2
	반복	☐ DAY 15 [3회독]DAY 01, 02	☐ DAY 16 DAY 03, 04	☐ DAY 17 DAY 05, 06	☐ DAY 18 DAY 07, 08	☐ DAY 19 DAY 09, 10
5주	메인	☐ DAY 21	☐ DAY 22	☐ DAY 23	☐ DAY 24	☐ DAY 25
	반복	☐ DAY 20 DAY 11, 12	☐ DAY 21 DAY 13, 14	☐ DAY 22 DAY 15, 16	☐ DAY 23 DAY 17, 18	☐ DAY 24 DAY 19, 20
6주	메인	☐ DAY 26	☐ DAY 27	☐ DAY 28	☐ DAY 29	☐ DAY 30 실전 문제 3
	반복	☐ DAY 25 DAY 21, 22	☐ DAY 26 DAY 23, 24	☐ DAY 27 DAY 25, 26	☐ DAY 28 DAY 27	☐ DAY 28~30

30일 학습 플랜 이용 TIP
- 매일 당일 학습 분량을 공부한 후 메인 학습 박스와 반복 학습 박스에 각각 체크해 나가도록 하세요.
- 60일 동안 천천히 꼼꼼하게 한자성어를 외우고 싶으시면 하루 분량을 2일에 나누어 학습하세요.

시험 전 막판

🪶 5일 학습 플랜

지금까지 암기한 30DAY 전체를 마지막으로 반복 학습하여 시험에 대비하세요!

1일	2일	3일	4일	5일	시험일
☐ DAY 01~10	☐ DAY 11~20	☐ DAY 21~30	☐ DAY 01~15	☐ DAY 16~30	실력 발휘하기!

5일 학습 플랜 이용 TIP

- 시험 전 5일 동안 마지막으로 전체를 2회독한 후 박스에 체크해 나가도록 하세요.
- 빈출 한자성어, 잘 외워지지 않았던 한자성어 위주로 다시 학습하세요.

DAY 01

■ 1 회독 ■ 2 회독 ■ 3 회독

★ = 3회 이상 출제된 한자성어

01 □□□

★牽強附會 **견강부회** [이끌 견, 강할 강, 붙을 부, 모일 회]

겉뜻 강하게 이끌어 모임에 붙임
속뜻 이치에 맞지 않는 말을 억지로 가져다 붙여 자기에게 유리하게 함

02 □□□

★附和雷同 **부화뇌동** [붙을 부, 화할 화, 우레 뇌, 한가지 동]

겉뜻 우레 소리와 함께함
속뜻 줏대 없이 남의 의견에 따라 움직임

03 □□□

★隔靴搔癢 **격화소양** [사이 뜰 격, 신 화, 긁을 소, 가려울 양]

겉뜻 신을 신고 발바닥을 긁음
속뜻 성에 차지 않거나 철저하지 못한 안타까움

04 □□□

★面從腹背 **면종복배** [낯 면, 좇을 종, 배 복, 배반할 배]

겉뜻 겉으로는 따르고 마음으로는 배반함
속뜻 겉으로는 복종하는 척하면서 내심으로는 배반함

05 □□□

★指鹿爲馬 **지록위마** [가리킬 지, 사슴 록, 할 위, 말 마]

겉뜻 사슴을 가리켜서 말이라고 함
속뜻 ① 윗사람을 농락하여 권세를 마음대로 함
② 모순된 것을 끝까지 우겨서 남을 속이려는 짓

06 □□□

모두 '탄식할 탄'

★晩時之歎
晩時之嘆 **만시지탄** [늦을 만, 때 시, 갈 지, 탄식할 탄]   ◎ 後時之嘆(후시지탄)

겉뜻 때가 늦어 탄식함
속뜻 시기가 늦어 이미 기회를 놓쳤음을 안타까워하는 탄식

8 해커스공무원학원·공무원인강 gosi.Hackers.com

07 ☐☐☐

★切齒腐心

절치부심 [끊을 **절**, 이 **치**, 썩을 **부**, 마음 **심**]

`겉뜻` 어금니가 끊어지고 마음이 썩음
`속뜻` 매우 분하여 이를 갈면서 속을 썩임

08 ☐☐☐

★口蜜腹劍

구밀복검 [입 **구**, 꿀 **밀**, 배 **복**, 칼 **검**]

`겉뜻` 입에는 꿀이 있고 배 속에는 칼이 있음
`속뜻` 말로는 친한 듯하나 마음속에는 해칠 뜻이 있음

09 ☐☐☐

★螳螂拒轍

당랑거철 [사마귀 **당**, 사마귀 **랑**, 막을 **거**, 바퀴 자국 **철**]

`겉뜻` 사마귀가 바퀴를 막음
`속뜻` 자기의 힘은 헤아리지 않고 강한 상대나 되지 않을 일에 함부로 덤빔

10 ☐☐☐

★亡羊補牢

망양보뢰 [망할 **망**, 양 **양**, 기울 **보**, 우리 **뢰**]

`겉뜻` 양을 잃고 우리를 고침
`속뜻` 이미 어떤 일을 실패한 뒤에 뉘우쳐도 소용이 없음

Daily Quiz

다음 한자성어의 독음을 기재하시오.

01 指鹿爲馬

02 切齒腐心

03 隔靴搔癢

04 附和雷同

05 口蜜腹劍

06 牽强附會

다음 한자성어의 의미를 찾아 연결하시오.

07 亡羊補牢 　　　　　　　㉠ 강한 상대나 불가능한 일에 함부로 덤빔

08 面從腹背 　　　　　　　㉡ 복종하는 척하지만 속으로는 배반함

09 螳螂拒轍 　　　　　　　㉢ 때가 늦어 기회를 놓쳤음을 안타까워하는 탄식

10 晚時之歎 　　　　　　　㉣ 어떤 일을 실패하고 나서 후회해도 소용없음

정답 | 01 지록위마 02 절치부심 03 격화소양 04 부화뇌동 05 구밀복검 06 견강부회 07 ㉣ 08 ㉡ 09 ㉠ 10 ㉢

DAY 02

■ 1 회독　■ 2 회독　■ 3 회독

★ = 3회 이상 출제된 한자성어

01 □□□

★捲土重來　권토중래 [거둘 권, 흙 토, 무거울 중, 올 래]

> 겉뜻 땅을 말아 일으킬 것 같은 기세로 다시 옴
>
> 속뜻 ① 한 번 실패하였으나 힘을 회복하여 다시 쳐들어옴
> ② 어떤 일에 실패한 뒤에 힘을 가다듬어 다시 그 일에 착수함

02 □□□

★不恥下問　불치하문 [아닐 불, 부끄러울 치, 아래 하, 물을 문]

> 겉뜻 아래에 묻는 것을 부끄러워하지 않음
>
> 속뜻 손아랫사람이나 지위, 학식이 자기보다 못한 사람에게 모르는 것을 묻는 일을 부끄러워하지 않음

03 □□□

★臥薪嘗膽　와신상담 [누울 와, 섶 신, 맛볼 상, 쓸개 담]

> 겉뜻 불편한 섶에 몸을 눕히고 쓸개를 맛봄
>
> 속뜻 원수를 갚거나 마음먹은 일을 달성하기 위하여 온갖 괴로움을 참고 견딤

04 □□□

★切磋琢磨　절차탁마 [끊을 절, 갈 차, 다듬을 탁, 갈 마]

> 겉뜻 옥이나 돌 등을 갈고 닦아서 빛을 냄
>
> 속뜻 학문이나 덕행 등을 부지런히 배우고 닦음

05 □□□

★肝膽相照　간담상조 [간 간, 쓸개 담, 서로 상, 비칠 조]

> 겉뜻 간과 쓸개를 서로에게 내보임
>
> 속뜻 서로 속마음을 터놓고 가까이 사귐

06 □□□

모두 '탄식할 탄'

★麥秀之歎　맥수지탄 [보리 맥, 빼어날 수, 갈 지, 탄식할 탄]
麥秀之嘆

> 겉뜻 보리가 빼어난 것(무성한 것)을 보고 한탄함
>
> 속뜻 고국의 멸망을 한탄함

07 ☐☐☐

★**得隴望蜀** **득롱망촉** [얻을 득, 고개 이름 롱, 바랄 망, 나라 이름 촉]

겉뜻 농나라를 얻고서 촉나라까지 취하고자 함
속뜻 만족할 줄 모르고 계속해서 욕심을 부림

08 ☐☐☐

★**明若觀火** **명약관화** [밝을 명, 같을 약, 볼 관, 불 화]

겉뜻 불을 보듯이 밝게 보임
속뜻 불을 보듯이 분명하고 뻔함

09 ☐☐☐

★**溫故知新** **온고지신** [따뜻할 온, 연고 고, 알 지, 새 신]

겉뜻 옛것을 익히고 그것을 미루어서 새것을 앎
속뜻 옛것을 연구하여 새로운 지식이나 도리를 앎

10 ☐☐☐

★**塞翁之馬** **새옹지마** [변방 새, 늙은이 옹, 갈 지, 말 마]

겉뜻 변방 늙은이의 말
속뜻 인생의 길흉화복은 변화가 많아서 예측하기 어려움

Daily Quiz

다음 한자성어의 독음을 기재하시오.

01 肝膽相照

02 溫故知新

03 麥秀之歎

04 得隴望蜀

05 不恥下問

06 明若觀火

다음 한자성어의 의미를 찾아 연결하시오.

07 切磋琢磨   ㉠ 목표를 달성하기 위해 온갖 괴로움을 참고 견딤

08 捲土重來   ㉡ 인생은 변화가 많아 예측하기 어려움

09 臥薪嘗膽   ㉢ 부지런히 학문과 덕행을 닦음

10 塞翁之馬   ㉣ 실패한 뒤, 힘을 다잡아 다시 그 일에 착수함

정답 01 간담상조 02 온고지신 03 맥수지탄 04 득롱망촉 05 불치하문 06 명약관화 07 ㉢ 08 ㉣ 09 ㉠ 10 ㉡

DAY 03

■ 1 회독 ■ 2 회독 ■ 3 회독

★ = 3회 이상 출제된 한자성어

01 ☐☐☐

★守株待兔 **수주대토** [지킬 수, 그루 주, 기다릴 대, 토끼 토]

겉뜻 그루터기를 지키며 토끼를 기다림
속뜻 하나의 일에만 매여 발전을 하지 못하는 우둔한 사람

02 ☐☐☐

★心心相印 **심심상인** [마음 심, 마음 심, 서로 상, 도장 인]

겉뜻 마음과 마음이 서로 도장을 찍음
속뜻 말하지 않고 마음과 마음으로 뜻을 전함

03 ☐☐☐

★易地思之 **역지사지** [바꿀 역, 땅 지, 생각 사, 갈 지]

겉뜻 처지를 바꾸어 생각함
속뜻 서로의 형편을 바꾸어서 생각하여 봄

04 ☐☐☐

★戀戀不忘 **연연불망** [그리워할 연, 그리워할 연, 아닐 불, 잊을 망]

겉뜻 그리워하며 잊지 못함
속뜻 그리워서 지우거나 잊지 못함

05 ☐☐☐

★吳越同舟 **오월동주** [성씨 오, 넘을 월, 한가지 동, 배 주]

겉뜻 오나라와 월나라의 사람이 같은 배에 타고 있음
속뜻 서로 적의를 품은 사람들이 한자리에 모여 있게 되거나 협력하여야 하는 상황

06 ☐☐☐

모두 '탄식할 탄'

★髀肉之歎
髀肉之嘆 **비육지탄** [넓적다리 비, 고기 육, 갈 지, 탄식할 탄]

겉뜻 넓적다리의 살을 탄식함
속뜻 재능을 발휘할 시기를 얻지 못하여 헛되이 세월만 보내는 것을 한탄함

07 ☐☐☐

★愚公移山 **우공이산** [어리석을 **우**, 공평할 **공**, 옮길 **이**, 메 **산**]

[겉뜻] 우공이 산을 옮김

[속뜻] 어떤 일이든 계속 노력하면 반드시 이루어짐

08 ☐☐☐

★優柔不斷 **우유부단** [넉넉할 **우**, 부드러울 **유**, 아닐 **부**, 끊을 **단**]

[겉뜻] 부드럽기만 해서 끊지 못함

[속뜻] 꾸물대며 망설이기만 하고 결단력이 없음

09 ☐☐☐

★泣斬馬謖 **읍참마속** [울 **읍**, 벨 **참**, 말 **마**, 일어날 **속**]

[겉뜻] 울며 '마속'의 목을 벰

[속뜻] 큰 목적을 이루기 위하여 자신이 아끼는 사람을 버림

10 ☐☐☐

★賊反荷杖 **적반하장** [도둑 **적**, 돌이킬 **반**, 멜 **하**, 지팡이 **장**]

[겉뜻] 도둑이 도리어 매를 듦

[속뜻] 잘못한 사람이 오히려 아무 잘못 없는 사람이나 잘한 사람을 나무라는 경우

Daily Quiz

다음 한자성어의 독음을 기재하시오.

01	心心相印		02	泣斬馬謖
03	愚公移山		04	易地思之
05	賊反荷杖		06	戀戀不忘

다음 한자성어의 의미를 찾아 연결하시오.

07 優柔不斷   ㉠ 서로 적의를 품은 사람들이 모여 협력해야 하는 상황

08 髀肉之歎   ㉡ 어물어물 망설이기만 하고 결단성이 없음

09 吳越同舟   ㉢ 재능을 발휘할 때를 얻지 못하여 허송세월만 보내는 것을 한탄함

10 守株待兔   ㉣ 한 가지에 얽매여 발전을 하지 못하는 어리석은 사람

정답 01 심심상인 02 읍참마속 03 우공이산 04 역지사지 05 적반하장 06 연연불망 07 ㉡ 08 ㉢ 09 ㉠ 10 ㉣

해커스공무원 신민숙 필수 한자성어 300

■ 1 회독　　■ 2 회독　　■ 3 회독

★ = 3회 이상 출제된 한자성어

01 □□□

★ 左顧右眄 　**좌고우면** [왼 좌, 돌아볼 고, 오른쪽 우, 곁눈질할 면]

겉뜻 이쪽저쪽을 돌아봄
속뜻 앞뒤를 따져 보고 망설임

02 □□□

★ 靑出於藍 　**청출어람** [푸를 청, 날 출, 어조사 어, 쪽 람]

겉뜻 쪽에서 뽑아낸 푸른 물감이 쪽보다 더 푸름
속뜻 후배나 제자가 선배나 스승보다 나음

03 □□□

刻舟求劍 　**각주구검** [새길 각, 배 주, 구할 구, 칼 검]　　　◉ **刻船求劍**(각선구검)

겉뜻 강물에 떨어뜨린 칼의 자리를 뱃전에 표시해 두고 나중에 찾으려 함
속뜻 현실에 맞지 않는 낡은 생각을 융통성 없이 고집하는 어리석음

04 □□□

★ 虛張聲勢 　**허장성세** [빌 허, 베풀 장, 소리 성, 형세 세]

겉뜻 헛되이 소리의 기세만 높임
속뜻 실속 없이 큰소리치거나 허세를 부림

05 □□□

★ 狐假虎威 　**호가호위** [여우 호, 거짓 가, 범 호, 위엄 위]

겉뜻 여우가 호랑이의 위세를 빌려 호기를 부림
속뜻 남의 권세를 빌려 위세를 부림

06 □□□　　　　　┌─ 모두 '탄식할 탄'

★ 風樹之歎
風樹之嘆 　**풍수지탄** [바람 풍, 나무 수, 갈 지, 탄식할 탄]

겉뜻 나무가 바람에 흔들림을 탄식함
속뜻 어버이가 돌아가시어 효도하고 싶어도 효도할 수 없는 슬픔

07 ☐☐☐

渴而穿井 갈이천정 [목마를 갈, 말 이을 이, 뚫을 천, 우물 정]

겉뜻 목이 말라야만 우물을 팜

속뜻 ① 미리 준비하지 않고 있다면 일이 지나간 뒤에 아무리 서둘러 봐도 아무 소용이 없음
② 본인이 급해야만 서둘러 일을 하게 됨

08 ☐☐☐

犬馬之勞 견마지로 [개 견, 말 마, 갈 지, 일할 로]

겉뜻 개나 말 정도의 하찮은 힘

속뜻 윗사람에게 충성을 다하는 자신의 노력을 낮춤

09 ☐☐☐

見蚊拔劍 견문발검 [볼 견, 모기 문, 뽑을 발, 칼 검]

겉뜻 모기를 보고 칼을 빼어 듦

속뜻 매우 작거나 사소한 일에 크게 성내어 덤빔

10 ☐☐☐

★姑息之計 고식지계 [시어머니 고, 쉴 식, 갈 지, 셀 계]

겉뜻 부녀자와 어린아이가 꾸미는 잠시 쉬기 위한 계략

속뜻 우선 당장 편한 것만을 택하는 꾀나 방법

Daily Quiz

다음 한자성어의 **독음**을 기재하시오.

01 犬馬之勞 _____   02 左顧右眄 _____

03 風樹之歎 _____   04 姑息之計 _____

05 狐假虎威 _____   06 渴而穿井 _____

다음 한자성어의 **의미**를 찾아 연결하시오.

07 青出於藍   ㉠ 사소한 일에 크게 성내어 덤빔

08 刻舟求劍   ㉡ 융통성 없이 낡은 생각을 고집하는 어리석음

09 虛張聲勢   ㉢ 스승보다 제자가 나음

10 見蚊拔劍   ㉣ 실속은 없으면서 허세를 부림

★ = 3회 이상 출제된 한자성어

01 □□□

管鮑之交　관포지교 [대롱 관, 절인 물고기 포, 갈 지, 사귈 교]

겉뜻 관중과 포숙아의 사귐

속뜻 우정이 아주 돈독한 친구 관계

02 □□□

★矯角殺牛　교각살우 [바로잡을 교, 뿔 각, 죽일 살, 소 우]

겉뜻 소의 뿔을 바로잡으려다가 소를 죽임

속뜻 결점을 고치려다가 그 방법이나 정도가 지나쳐 도리어 일을 그르침

03 □□□

★敎外別傳　교외별전 [가르칠 교, 바깥 외, 특별할 별, 전할 전]

겉뜻 가르침 바깥에 있는 특별한 전함

속뜻 부처의 가르침을 말이나 글에 의하지 않고 바로 마음에서 마음으로 전하여 진리를 깨닫게 하는 법

04 □□□

口尙乳臭　구상유취 [입 구, 오히려 상, 젖 유, 냄새 취]

겉뜻 입에서 아직도 젖 냄새가 남

속뜻 언행이 아직 유치함

05 □□□

騎虎之勢　기호지세 [말 탈 기, 범 호, 갈 지, 형세 세]

겉뜻 호랑이를 타고 달리는 형세

속뜻 이미 시작한 일을 중도에서 그만둘 수 없는 경우

06 □□□

難兄難弟　난형난제 [어려울 난, 형 형, 어려울 난, 아우 제]

겉뜻 누구를 형이라 하고 누구를 아우라 하기 어려움

속뜻 두 사물이 비슷하여 낫고 못함의 정도를 정하기 어려움

07 ☐☐☐

★ 男負女戴　남부여대 [사내 남, 질 부, 여자 여, 일 대]

겉뜻 남자는 지고 여자는 임

속뜻 가난한 사람들이 살 곳을 찾아 이리저리 떠돌아다님

08 ☐☐☐

登高自卑　등고자비 [오를 등, 높을 고, 스스로 자, 낮을 비]

겉뜻 높은 곳에 오르려면 낮은 곳에서부터 올라야 함

속뜻 ① 모든 일에는 순서가 있으므로 일을 순서대로 해야 함

② 지위가 높아질수록 스스로를 낮춤

09 ☐☐☐

★ 望雲之情　망운지정 [바랄 망, 구름 운, 갈 지, 뜻 정]

유 望雲之懷(망운지회)
유 白雲孤飛(백운고비)

겉뜻 구름을 바라보며 그리움을 느낌

속뜻 자식이 타지에서 고향에 계신 어버이를 생각하는 마음

10 ☐☐☐

★ 目不忍見　목불인견 [눈 목, 아닐 불, 참을 인, 볼 견]

겉뜻 눈으로 참고 볼 수 없을 정도

속뜻 눈앞에 벌어진 상황을 차마 눈 뜨고 볼 수 없음

Daily Quiz

다음 한자성어의 독음을 기재하시오.

01 目不忍見

02 難兄難弟

03 敎外別傳

04 望雲之情

05 矯角殺牛

06 管鮑之交

다음 한자성어의 의미를 찾아 연결하시오.

07 口尙乳臭　　　　　　　㉠ 말과 행동이 아직 유치함

08 男負女戴　　　　　　　㉡ 순서대로 일을 해야 함

09 登高自卑　　　　　　　㉢ 이미 시작한 일을 그만둘 수 없는 경우

10 騎虎之勢　　　　　　　㉣ 가난한 사람들이 살 곳을 찾아 떠돌아다님

정답 01 목불인견 02 난형난제 03 교외별전 04 망운지정 05 교각살우 06 관포지교 07 ㉠ 08 ㉡ 09 ㉣ 10 ㉢

★ = 3회 이상 출제된 한자성어

01 □□□

★刎頸之交 **문경지교** [목 벨 문, 목 경, 갈 지, 사귈 교]

겉뜻 서로를 위해서라면 목이 잘린다 해도 후회하지 않을 정도의 사귐

속뜻 생사를 같이할 수 있는 아주 가까운 사이 또는 그런 친구

02 □□□

★傍若無人 **방약무인** [곁 방, 같을 약, 없을 무, 사람 인]

겉뜻 곁에 사람이 없는 것처럼 여김

속뜻 곁에 사람이 없는 것처럼 아무 거리낌 없이 함부로 말하고 행동하는 태도가 있음

03 □□□

百難之中 **백난지중** [일백 백, 어려울 난, 갈 지, 가운데 중]

겉뜻 여러 가지의 어려움 가운데

속뜻 온갖 어려움과 괴로움을 겪는 가운데

04 □□□

百尺竿頭 **백척간두** [일백 백, 자 척, 낚싯대 간, 머리 두]

겉뜻 백 자나 되는 높은 장대 위에 오름

속뜻 매우 위태롭고 어려운 지경

05 □□□

不偏不黨 **불편부당** [아닐 불, 치우칠 편, 아닐 부, 무리 당]

겉뜻 어느 편으로도 치우치지 않음

속뜻 어느 쪽으로도 치우침 없이 아주 공평함

06 □□□

捨生取義 **사생취의** [버릴 사, 날 생, 가질 취, 옳을 의]

겉뜻 목숨을 버리고 의를 좇음

속뜻 생명을 내어놓더라도 옳은 일을 함

07☐☐☐

★識字憂患 **식자우환** [알 식, 글자 자, 근심 우, 근심 환]

> 겉뜻 글자를 아는 것이 근심이 됨
> 속뜻 학식이 있는 것이 도리어 근심이 됨

08☐☐☐

★我田引水 **아전인수** [나 아, 밭 전, 끌 인, 물 수]

> 겉뜻 자기 논에 물 대기
> 속뜻 자기에게 이롭도록 생각하거나 행동함

09☐☐☐

暗中摸索 **암중모색** [어두울 암, 가운데 중, 본뜰 모, 찾을 색]

> 겉뜻 물건 등을 어둠 속에서 더듬어 찾음
> 속뜻 ① 어림으로 무엇을 알아내려 함
> ② 은밀한 가운데 일의 실마리나 해결책을 찾아내려 함

10☐☐☐

★拈華微笑 **염화미소** [집을 염, 빛날 화, 작을 미, 웃음 소]

> 겉뜻 연꽃을 잡고 미소를 지음
> 속뜻 말로 통하지 않고 마음에서 마음으로 전하는 일

Daily Quiz

다음 한자성어의 <u>독음</u>을 기재하시오.

01 傍若無人

02 拈華微笑

03 百難之中

04 刎頸之交

05 暗中摸索

06 百尺竿頭

다음 한자성어의 <u>의미</u>를 찾아 연결하시오.

07 識字憂患 　　　　　　㉠ 목숨을 버릴지언정 옳은 일을 함

08 捨生取義 　　　　　　㉡ 자기에게 이롭도록 행동함

09 不偏不黨 　　　　　　㉢ 아주 공평함

10 我田引水 　　　　　　㉣ 학문과 식견이 있는 것이 오히려 근심이 됨

정답 01 방약무인 02 염화미소 03 백난지중 04 문경지교 05 암중모색 06 백척간두 07 ㉣ 08 ㉠ 09 ㉢ 10 ㉡

DAY 06
해커스공무원 신민숙 필수 한자성어 300

DAY 07

■ 1 회독　■ 2 회독　■ 3 회독

★ = 3회 이상 출제된 한자성어

01 □□□

★一擧兩得 **일거양득** [한 일, 들 거, 두 양, 얻을 득]　　　　　⊜ 一石二鳥(일석이조)

> 겉뜻 한 번 들으면 둘을 얻음
> 속뜻 한 가지 일을 하여 두 가지 이익을 거둠

02 □□□

臨機應變 **임기응변** [임할 임, 틀 기, 응할 응, 변할 변]

> 겉뜻 어떤 일을 당하여도 적절하게 대응하고 변통함
> 속뜻 그때그때의 형편에 맞게 일을 결정하거나 처리함

03 □□□

★自强不息 **자강불식** [스스로 자, 강할 강, 아닐 불, 쉴 식]

> 겉뜻 스스로 힘써 쉬지 않음
> 속뜻 스스로 힘써 쉬지 않고 몸과 마음을 가다듬음

04 □□□

朝三暮四 **조삼모사** [아침 조, 석 삼, 저물 모, 넉 사]

> 겉뜻 아침에는 세 개, 저녁에는 네 개
> 속뜻 ① 당장 눈앞에 있는 차별만 알고 그 결과가 같은 것은 모름
> 　　② 간사한 꾀로 남을 속여 희롱함

05 □□□

★走馬看山 **주마간산** [달릴 주, 말 마, 볼 간, 메 산]

> 겉뜻 말을 타고 달리며 산천을 구경함
> 속뜻 꼼꼼하게 살펴보지 않고 대충대충 보고 지나감

06 □□□

★後生可畏 **후생가외** [뒤 후, 날 생, 옳을 가, 두려워할 외]

> 겉뜻 젊은 후학들을 두려워할 만함
> 속뜻 후배들이 선배들보다 젊고 기력이 좋아, 학문을 닦음에 따라 큰 인물이 될 수 있으
> 　　므로 가히 두려움

07 ☐☐☐

★表裏不同

표리부동 [겉 표, 속 리, 아닐 부, 한가지 동]

겉뜻 겉과 속이 동일하지 않음
속뜻 겉으로 드러나는 언행과 속으로 가지는 생각이 다름

08 ☐☐☐

螢雪之功

형설지공 [반딧불이 형, 눈 설, 갈 지, 공 공]

겉뜻 반딧불 · 눈빛으로 하는 공부
속뜻 고생을 하며 꾸준히 공부하는 자세

09 ☐☐☐

★和而不同

화이부동 [화할 화, 말 이을 이, 아닐 부, 한가지 동]

겉뜻 서로 조화를 이루지만 같지는 않음
속뜻 남과 사이좋게 지내지만 무턱대고 어울리지는 않음

10 ☐☐☐

針小棒大

침소봉대 [바늘 침, 작을 소, 막대 봉, 클 대]

겉뜻 바늘만 한 것을 보고 몽둥이만 하다고 함
속뜻 작은 일을 과장하여 말함

DAY 07 해커스공무원 신민숙 필수 한자성어 300

Daily Quiz

다음 한자성어의 독음을 기재하시오.

01 自强不息

02 螢雪之功

03 一擧兩得

04 後生可畏

05 和而不同

06 臨機應變

다음 한자성어의 의미를 찾아 연결하시오.

07 朝三暮四 　　　　　　　⊙ 매우 사소한 일을 과장하여 말함

08 針小棒大 　　　　　　　ⓒ 눈앞에 있는 차별만 알고 결과가 같은 것은 모름

09 表裏不同 　　　　　　　ⓒ 꼼꼼히 살펴보지 않고 대충 지나감

10 走馬看山 　　　　　　　② 드러나는 언행과 속으로 생각하는 것이 다름

정답 01 자강불식 02 형설지공 03 일거양득 04 후생가외 05 화이부동 06 임기응변 07 ⓒ 08 ⊙ 09 ② 10 ⓒ

DAY 08

■ 1회독   ■ 2회독   ■ 3회독

★ = 3회 이상 출제된 한자성어

01 ☐☐☐

苛斂誅求　가렴주구 [가혹할 가, 거둘 렴, 벨 주, 구할 구]

겉뜻 가혹하게 거두고 억지로 빼앗음
속뜻 가혹하게 세금을 거두어들이고, 무리하게 재물을 빼앗음

02 ☐☐☐

刻苦勉勵　각고면려 [새길 각, 쓸 고, 힘쓸 면, 힘쓸 려]

겉뜻 고생을 견디며 힘써 노력함
속뜻 무척 애를 쓰면서 부지런히 노력함

03 ☐☐☐

刻骨難忘　각골난망 [새길 각, 뼈 골, 어려울 난, 잊을 망]

겉뜻 뼈에 새길 만큼 잊히지 않는 은혜
속뜻 다른 사람에게 입은 은혜가 뼈에 새길 만큼 커서 잊히지 않음

04 ☐☐☐

艱難辛苦　간난신고 [어려울 간, 어려울 난, 매울 신, 쓸 고]

겉뜻 고되고 어려우며 맵고 씀
속뜻 몹시 힘들고 어려우며 고생스러움

05 ☐☐☐

間於齊楚　간어제초 [사이 간, 어조사 어, 가지런할 제, 초나라 초]

겉뜻 제나라와 초나라의 사이
속뜻 강자들 틈에 약자가 끼어서 괴로움을 겪음

06 ☐☐☐

甲男乙女　갑남을녀 [갑옷 갑, 사내 남, 새 을, 여자 녀]

겉뜻 갑이란 남자와 을이란 여자
속뜻 평범한 사람들

07 ☐☐☐

改過不吝

개과불린 [고칠 개, 지날 과, 아닐 불, 아낄 린]

겉뜻 지난 일을 고침에 아끼지 않음
속뜻 허물을 고치는 데 인색하지 않음

08 ☐☐☐

去頭截尾

거두절미 [갈 거, 머리 두, 끊을 절, 꼬리 미]

겉뜻 머리와 꼬리는 잘라 버림
속뜻 어떤 일의 요점만 간단히 말함

09 ☐☐☐

乾坤一擲

건곤일척 [하늘 건, 땅 곤, 한 일, 던질 척] ⊜ **一擲乾坤**(일척건곤)

겉뜻 하늘과 땅에 운명을 맡기고 한번 던져봄
속뜻 운명을 걸고 단판에 승부를 겨룸

10 ☐☐☐

格物致知

격물치지 [격식 격, 물건 물, 이를 치, 알 지]

겉뜻 사물의 이치를 바탕으로 앎에 이름
속뜻 실제 사물에 대한 이치를 연구하여 지식을 완전하게 함

Daily Quiz

다음 한자성어의 독음을 기재하시오.

01 刻骨難忘 ＿＿＿＿＿＿＿＿ 　　02 艱難辛苦 ＿＿＿＿＿＿＿＿

03 苛斂誅求 ＿＿＿＿＿＿＿＿ 　　04 改過不吝 ＿＿＿＿＿＿＿＿

05 甲男乙女 ＿＿＿＿＿＿＿＿ 　　06 乾坤一擲 ＿＿＿＿＿＿＿＿

다음 한자성어의 의미를 찾아 연결하시오.

07 格物致知　　　　　　　　　⊙ 요점만 간단하게 말함

08 刻苦勉勵　　　　　　　　　ⓒ 고생을 무릅쓰고 부지런히 노력함

09 間於齊楚　　　　　　　　　ⓒ 사물에 대한 이치를 연구하여 지식을 확고하게 함

10 去頭截尾　　　　　　　　　ⓔ 약자가 강자 사이에서 괴로움을 겪음

정답 01 각골난망 02 간난신고 03 가렴주구 04 개과불린 05 갑남을녀 06 건곤일척 07 ⓒ 08 ⓒ 09 ⓔ 10 ⊙

★ = 3회 이상 출제된 한자성어

01 ☐☐☐

見利思義　견리사의 [볼 견, 이로울 리, 생각 사, 옳을 의]

겉뜻 이익을 보면 옳음을 생각함

속뜻 눈앞의 이익을 보면 의로움을 먼저 생각함

02 ☐☐☐

犬猿之間　견원지간 [개 견, 원숭이 원, 갈 지, 사이 간]

⊜ 犬猫之間(견묘지간)

겉뜻 개와 원숭이의 사이

속뜻 사이가 매우 나쁜 두 관계

03 ☐☐☐

結草報恩　결초보은 [맺을 결, 풀 초, 갚을 보, 은혜 은]

겉뜻 풀을 맺음으로써 은혜를 갚음

속뜻 죽은 뒤에라도 은혜를 잊지 않고 갚음

04 ☐☐☐

輕擧妄動　경거망동 [가벼울 경, 들 거, 망령될 망, 움직일 동]

겉뜻 가볍고 망령된 행동을 함

속뜻 경솔하여 생각 없이 망령되게 행동함

05 ☐☐☐

傾蓋如舊　경개여구 [기울 경, 덮을 개, 같을 여, 옛 구]

겉뜻 (길을 가다 우연히 만나 수레를 멈추고) 양산을 기울이며 잠시 이야기하는 것이 옛 친구를 만난 듯함

속뜻 처음 만나 짧은 시간 동안 사귄 것이 마치 오랜 친구 사이처럼 친함

06 ☐☐☐

季布一諾　계포일낙 [계절 계, 베 포, 한 일, 허락할 낙]

겉뜻 계포가 한 하나의 약속

속뜻 절대로 틀림없는 승낙

07 ☐☐☐

★**孤掌難鳴** 고장난명 [외로울 고, 손바닥 장, 어려울 난, 울 명]

겉뜻 외손뼉만으로는 소리가 울리지 않음
속뜻 ① 혼자의 힘만으로 어떤 일을 성취하기는 어려움
② 맞서는 사람이 없으면 싸움이 일어나지 않음

08 ☐☐☐

苦盡甘來 고진감래 [쓸 고, 다할 진, 달 감, 올 래]

겉뜻 쓴 것이 다하면 단 것이 옴
속뜻 고생 끝에 즐거움이 옴

09 ☐☐☐

矯枉過直 교왕과직 [바로잡을 교, 굽을 왕, 지날 과, 곧을 직]

겉뜻 굽은 것을 바로잡으려다 정도에 지나치게 곧게 함
속뜻 잘못된 것을 바로잡으려다가 너무 지나쳐서 오히려 나쁘게 됨

10 ☐☐☐

敎學相長 교학상장 [가르칠 교, 배울 학, 서로 상, 길 장]

겉뜻 가르침과 배움이 서로를 성장시켜 줌
속뜻 사람에게 가르쳐 주거나 스승에게 배우는 일이 모두 자신의 학업을 증진시켜 줌

Daily Quiz

다음 한자성어의 **독음**을 기재하시오.

01 孤掌難鳴 　　　　　　02 矯枉過直 　　　　　

03 結草報恩 　　　　　　04 犬猿之間 　　　　　

05 敎學相長 　　　　　　06 傾蓋如舊 　　　　　

다음 한자성어의 **의미**를 찾아 연결하시오.

07 苦盡甘來　　　　　　　㉠ 이익을 보면 의로움을 먼저 생각함

08 季布一諾　　　　　　　㉡ 어렵고 고된 일 끝에 낙이 옴

09 輕擧妄動　　　　　　　㉢ 틀림없이 승낙함

10 見利思義　　　　　　　㉣ 경솔하여 생각 없이 행동함

정답 01 고장난명 02 교왕과직 03 결초보은 04 견원지간 05 교학상장 06 경개여구 07 ㉡ 08 ㉢ 09 ㉣ 10 ㉠

DAY 10

■ 1 회독   ■ 2 회독   ■ 3 회독

★ = 3회 이상 출제된 한자성어

01 ☐☐☐

口如懸河   구여현하 [입 구, 같을 여, 달 현, 물 하]

겉뜻 입이 빠르게 흐르는 물과 같음
속뜻 말을 막힘없이 잘하는 모습

02 ☐☐☐

權謀術數   권모술수 [권세 권, 꾀 모, 재주 술, 셈 수]   ◎ 權謀術策(권모술책)

겉뜻 권세, 모략, 술수
속뜻 목적을 이루기 위해 온갖 수단과 방법을 가리지 않고 쓰는 모략이나 술책

03 ☐☐☐

橘化爲枳   귤화위지 [귤 귤, 될 화, 할 위, 탱자 지]

겉뜻 회남의 귤을 회북에 옮겨 심으면 탱자가 됨
속뜻 환경에 따라 사람이나 사물의 성질이 변함

04 ☐☐☐

南柯一夢   남가일몽 [남녘 남, 가지 가, 한 일, 꿈 몽]

겉뜻 남쪽 나뭇가지에서의 꿈
속뜻 꿈과 같이 헛된 한때의 부귀영화

05 ☐☐☐

囊中之錐   낭중지추 [주머니 낭, 가운데 중, 갈 지, 송곳 추]

겉뜻 주머니 속의 송곳
속뜻 재능이 뛰어난 사람은 숨어 있어도 저절로 다른 사람들에게 알려지게 됨

06 ☐☐☐

累卵之勢   누란지세 [여러 누, 알 란, 갈 지, 형세 세]   ◎ 累卵之危(누란지위)

겉뜻 층층이 쌓아 놓은 알의 형세
속뜻 몹시 위태로운 형세

07 ☐☐☐

單刀直入 단도직입 [홀 단, 칼 도, 곧을 직, 들 입]

- 겉뜻 혼자서 칼 한 자루를 들고 적진으로 곧장 쳐들어감
- 속뜻 여러 말을 늘어놓지 않고 바로 요점이나 본문제를 중심적으로 말함

08 ☐☐☐

簞食瓢飮 단사표음 [소쿠리 단, 먹이 사, 바가지 표, 마실 음]

- 겉뜻 대나무로 만든 밥그릇에 담은 밥과 표주박에 든 물
- 속뜻 청빈하고 소박한 생활

09 ☐☐☐

簞瓢陋巷 단표누항 [소쿠리 단, 바가지 표, 더러울 누, 거리 항]

- 겉뜻 누항에서 먹는 한 그릇의 밥과 한 바가지의 물
- 속뜻 선비의 청빈한 생활

10 ☐☐☐

大同小異 대동소이 [클 대, 한가지 동, 작을 소, 다를 이]

- 겉뜻 크게 보면 같고 작게 보면 다름
- 속뜻 거의 같음

Daily Quiz

다음 한자성어의 <u>독음</u>을 기재하시오.

01 橘化爲枳 ▨▨▨▨▨

02 大同小異 ▨▨▨▨▨

03 累卵之勢 ▨▨▨▨▨

04 簞食瓢飮 ▨▨▨▨▨

05 囊中之錐 ▨▨▨▨▨

06 口如懸河 ▨▨▨▨▨

다음 한자성어의 <u>의미</u>를 찾아 연결하시오.

07 南柯一夢   ㉠ 말을 늘어놓지 않고 요점만 말함

08 單刀直入   ㉡ 청빈한 생활

09 簞瓢陋巷   ㉢ 한때의 헛된 부귀영화

10 權謀術數   ㉣ 목적을 이루려고 온갖 수단과 방법을 사용함

정답 01 귤화위지 02 대동소이 03 누란지세 04 단사표음 05 낭중지추 06 구여현하 07 ㉢ 08 ㉠ 09 ㉡ 10 ㉣

실전 문제 ① (DAY 01~10)

01 다음에 서술된 A사의 상황을 가장 적절하게 표현한 한자성어는?   20. 지방직 9급

> 최근 출시된 A사의 신제품이 뜨거운 호응을 얻고 있다. 이번 신제품의 성공으로 A사는 B사에게 내주었던 업계 1위 자리를 탈환했다.

① 兎死狗烹   ② 捲土重來   ③ 手不釋卷   ④ 我田引水

02 다음 의미에 알맞은 한자성어로 올바른 것은?
① 捨生取義 - 의로움을 등지고 생명을 중히 여김을 이르는 말
② 識字憂患 - 학식이 있는 것이 도리어 근심이 됨
③ 我田引水 - 모든 것을 갖고 싶어 하는 욕심쟁이를 이르는 말
④ 暗中摸索 - 정확하게 추려내어 무엇을 알아내려 함

03 한자성어의 뜻풀이로 옳지 않은 것은?   17. 지방직 9급(12월)
① 결초보은(結草報恩): 죽은 뒤에라도 은혜를 잊지 않고 갚음을 이르는 말
② 방약무인(傍若無人): 어떤 약으로도 치료할 수 없는 상태임
③ 절치부심(切齒腐心): 몹시 분하여 이를 갈며 속을 썩임
④ 점입가경(漸入佳境): 들어갈수록 점점 재미가 있음

04 다음 중 뜻이 비슷한 사자성어끼리 짝지어지지 않은 것은?

17. 서울시 7급

① 同病相憐 - 兩寡分悲

② 口如懸河 - 口尙乳臭

③ 衣錦夜行 - 夜行被繡

④ 望雲之情 - 白雲孤飛

05 다음 한자성어와 의미의 연결이 잘못된 것은?

① 一擧兩得 - 한 가지 일을 했는데 두 가지 이익을 거둠

② 自强不息 - 스스로 힘써 쉬지 않고 몸과 마음을 가다듬음

③ 走馬看山 - 꼼꼼하게 살펴보고 지나감을 이르는 말

④ 針小棒大 - 작은 일을 과장하여 말함을 비유적으로 이르는 말

06 <보기>의 속담과 유사한 의미의 사자성어를 연결한 것으로 옳지 않은 것은?

21. 국회직 8급

┤ 보기 ├

㉠ 도랑 치고 가재 잡고.

㉡ 달면 삼키고 쓰면 뱉는다.

㉢ 낫 놓고 기역자도 모른다.

㉣ 같은 값이면 다홍치마.

㉤ 원님 덕에 나팔 분다.

① ㉠: 일거양득(一擧兩得)

② ㉡: 고진감래(苦盡甘來)

③ ㉢: 목불식정(目不識丁)

④ ㉣: 동가홍상(同價紅裳)

⑤ ㉤: 호가호위(狐假虎威)

07 다음 중 밑줄 친 부분을 의미하는 사자성어는?　　　　16. 서울시 9급

> 　사원 여러분, 이번 중동 진출은 이미 예산이 많이 투입된 대규모 사업입니다. 그래서 하던 일을 중도에서 그만둘 수는 없습니다. 이번 위기를 극복해야만 회사가 삽니다. 어려움과 많은 문제들이 있어 심적으로는 불안하겠지만 조금만 더 참고 끝까지 함께 갑시다.

① 登高自卑　　　　② 角者無齒　　　　③ 騎虎之勢　　　　④ 脣亡齒寒

08 한자성어를 속담으로 뜻풀이할 때 옳지 않은 것은?　　　　11. 국가직 9급

① 득롱망촉(得隴望蜀): "말 가는 데 소도 간다."라는 뜻이다.
② 교각살우(矯角殺牛): "빈대 잡으려다 초가삼간 태운다."라는 뜻이다.
③ 당랑거철(螳螂拒轍): "하룻강아지 범 무서운 줄 모른다."라는 뜻이다.
④ 망양보뢰(亡羊補牢): "소 잃고 외양간 고친다."라는 뜻이다.

09 다음 한자성어와 의미의 연결이 잘못된 것은?

① 矯枉過直 - 잘못된 것을 바로잡으려다가 너무 지나쳐서 오히려 나쁘게 됨을 이르는 말
② 苦盡甘來 - 고생 끝에 즐거움이 옴
③ 孤掌難鳴 - 혼자의 힘만으로도 어떤 일을 성취하기에 충분함을 이르는 말
④ 傾蓋如舊 - 처음 만나 짧은 시간 동안 사귄 것이 마치 오랜 친구 사이처럼 친함

10 다음 글에서 (　　) 안에 들어갈 말로 적절한 것은? 15. 사회복지직 9급

> 　군주에게 환관이 있는 것은 노비의 역할을 위해서고, 조정에 신하가 있는 것은 사우(師友)의
> 역할을 위해서다. 노비에게서 구할 것은 심부름이고, 사우에게서 구할 것은 도덕이다. 그러므로
> 노비는 자신의 주인이 기뻐하고 노여워하는 것을 엿보아 알아차릴 줄 알아야 현명하다. 사우이
> 면서 자신의 군주가 기뻐하고 노여워하는 데 (　　)하는 것은 아첨이다. 사우는 과실을 바로
> 잡아야 현명한 것이다.

　① 勞心焦思　　　　　② 附和雷同　　　　　③ 類類相從　　　　　④ 面從腹背

11 밑줄 친 한자성어의 쓰임이 옳지 않은 것은? 12. 국가직 9급

① 민족을 위해 어떤 일이든 <u>견마지로(犬馬之勞)</u>를 다하겠어요.
② 조직의 발전을 위해 <u>읍참마속(泣斬馬謖)</u>의 심정으로 감싸 안아줘요.
③ 고생하다 돌아가신 어머님 생각에 <u>풍수지탄(風樹之嘆)</u>을 금할 수가 없어.
④ 자존심 강한 그이지만, 모르는 것이 있을 때는 <u>불치하문(不恥下問)</u>할 줄 알아.

12 다음 내용에 부합하는 사자성어는? 15. 지방직 9급

> 　다양한 의견을 지닌 사회의 주체들이 서로 어우러지면서도 개개인의 의견을 굽혀 야합하지 않
> 는 열린 토론의 장을 만들자.

　① 동기상구(同氣相求)　　　　　　　　② 화이부동(和而不同)
　③ 동성이속(同聲異俗)　　　　　　　　④ 오월동주(吳越同舟)

13 밑줄 친 부분에 들어갈 한자성어로 가장 적절한 것은?   10. 지방직 9급

> 자존심을 내세우지 않고 _____ 하는 것을 주저하지 않는다면 의외로 여러 묘안을 얻을 수 있다.

① 下石上臺   ② 後生可畏   ③ 不恥下問   ④ 厚顔無恥

14 다음 중 그 뜻이 가장 다른 것은?   16. 국회직 9급

① 發憤忘食   ② 守株待兎   ③ 自强不息   ④ 切磋琢磨   ⑤ 螢雪之功

15 <보기>의 괄호에 알맞은 한자성어는?   18. 서울시 9급

├ 보기 ┤

> 일을 하다 보면 균형과 절제가 필요하다는 것을 알게 된다. 일의 수행 과정에서 부분적 잘못을 바로 잡으려다 정작 일 자체를 뒤엎어 버리는 경우가 왕왕 발생하기 때문이다. 흔히 속담에 "빈대 잡으려다 초가삼간 태운다"는 말은 여기에 해당할 것이다. 따라서 부분적 결점을 바로잡으려다 본질을 해치는 (   )의 어리석음을 저질러서는 안 된다.

① 개과불린(改過不吝)

② 경거망동(輕擧妄動)

③ 교각살우(矯角殺牛)

④ 부화뇌동(附和雷同)

16 밑줄 친 한자성어의 쓰임이 적절하지 <u>않은</u> 것은? 16. 지방직 9급

① 말이 너무 번드르르해 미덥지 않은 자들은 대부분 <u>口蜜腹劍</u>형의 사람이다.

② 그는 싸움다운 전쟁도 못하고 <u>一敗塗地</u>가 되어 고향으로 달아나고 말았다.

③ 그에게 마땅히 대응했어야 했는데, 그대는 어찌하여 <u>首鼠兩端</u>하다가 시기를 놓쳤소?

④ 요새 신입생들이 선배들에게 예의를 차릴 줄 모르는 걸 보면 참 <u>後生可畏</u>하다는 생각이다.

17 다음 한자성어와 의미의 연결이 잘못된 것은?

① 刻苦勉勵 - 무척 애를 쓰면서 부지런히 노력함, 어떤 일에 대단히 고생하며 정성을 들임

② 刻骨難忘 - 다른 사람에게 입은 은혜가 뼈에 새길 만큼 큼에도 불구하고 잊혀짐

③ 間於齊楚 - 강자들 틈에 약자가 끼어서 괴로움을 겪음

④ 朝三暮四 - 당장 눈앞에 나타나는 차별만을 알고 그 결과가 같음을 모름

18 다음 글의 괄호 안에 들어갈 사자성어로 가장 적절한 것은? 15. 지방직 7급

> 내일 있을 한국시리즈는 시작 전부터 여러 사람의 관심을 끌고 있습니다. 결승에서 만난 두 팀의 감독이 예전에 한솥밥을 먹던 사이였기 때문입니다. A팀의 감독은 한때 B팀의 감독 밑에서 선수 생활을 했습니다. 그러나 A팀의 감독은 시합에서 양보는 절대 있을 수 없다는 결연한 의지를 밝혔습니다. 형만 한 아우가 없다는 말이 맞을지, (   )(이)라는 말이 맞을지, 내일의 경기 결과에 귀추가 주목됩니다.

① 管鮑之交   ② 犬猿之間   ③ 靑出於藍   ④ 草綠同色

★ = 3회 이상 출제된 한자성어

01 ☐☐☐

道聽塗說   도청도설 [길 도, 들을 청, 길 도, 말씀 설]

겉뜻 길에서 듣고 길에서 말함
속뜻 길거리에 퍼져 돌아다니는 뜬소문

02 ☐☐☐

頓悟漸修   돈오점수 [조아릴 돈, 깨달을 오, 점점 점, 닦을 수]

겉뜻 갑자기 깨닫기 위해서는 점점 닦아야 함
속뜻 갑자기 깨달음에 이르는 경지에 도달하기 위해서는 점진적인 수행이 필요함

03 ☐☐☐

磨斧作針   마부작침 [갈 마, 도끼 부, 지을 작, 바늘 침]

◉ 磨斧爲針(마부위침)

겉뜻 도끼를 갈아서 바늘로 만듦
속뜻 어려운 일도 끊임없이 노력하면 이룰 수 있음

04 ☐☐☐

莫上莫下   막상막하 [없을 막, 윗 상, 없을 막, 아래 하]

겉뜻 위와 아래를 구별할 수 없음
속뜻 더 낫고 더 못함의 차이가 거의 없음

05 ☐☐☐

拔本塞源   발본색원 [뽑을 발, 근본 본, 막힐 색, 근원 원]

겉뜻 나무의 뿌리를 뽑고 근원을 막아 버림
속뜻 좋지 않은 일의 근본 원인이 되는 요소를 완전히 없애 버려서 다시는 그러한 일이 발생하지 않도록 함

06 ☐☐☐

모두 '탄식할 탄'

亡羊之歎
亡羊之嘆   망양지탄 [망할 망, 양 양, 갈 지, 탄식할 탄]

겉뜻 잃어버린 양을 찾을 길이 없어 탄식함
속뜻 학문의 길이 여러 갈래여서 한 갈래의 진리도 얻기 어려움

07 ☐☐☐

法古創新

법고창신 [법 **법**, 옛 **고**, 비롯할 **창**, 새 **신**]

겉뜻 옛것을 토대로 새로운 것을 창조함

속뜻 새 것을 만들어 가되 근본을 잃지 않고 옛것에 토대를 두되 변화할 줄 알아야 함

08 ☐☐☐

斑衣之戲

반의지희 [아롱질 **반**, 옷 **의**, 갈 **지**, 희롱할 **희**]

겉뜻 고까옷을 입고 하는 놀이

속뜻 늙어서 효도함

09 ☐☐☐

反哺之孝

반포지효 [돌이킬 **반**, 먹일 **포**, 갈 **지**, 효도 **효**]

겉뜻 까마귀 새끼가 자라서 부모에게 먹이를 물어다 주는 효성

속뜻 자식이 자라서 어버이의 은혜를 갚는 효성

10 ☐☐☐

傾國之色

경국지색 [기울 **경**, 나라 **국**, 갈 **지**, 빛 **색**]

겉뜻 임금이 혹하여 나라가 기울어져도 모를 정도의 미인

속뜻 뛰어나게 아름다운 미인

DAY 11

해커스공무원 신민숙 필수 한자성어 300

Daily Quiz

다음 한자성어의 독음을 기재하시오.

01 斑衣之戲

02 拔本塞源

03 磨斧作針

04 道聽塗說

05 法古創新

06 亡羊之歎

다음 한자성어의 의미를 찾아 연결하시오.

07 傾國之色   ㉠ 나라를 위태롭게 할 만한 아름다운 미인

08 反哺之孝   ㉡ 차이가 거의 없음

09 莫上莫下   ㉢ 자라서 어버이의 은혜를 갚는 자식의 효성

10 頓悟漸修   ㉣ 깨달음의 경지에 도달하기까지는 점진적인 수행이 필요함

정답 01 반의지희 02 발본색원 03 마부작침 04 도청도설 05 법고창신 06 망양지탄 07 ㉠ 08 ㉢ 09 ㉡ 10 ㉣

DAY 12

■ 1 회독　■ 2 회독　■ 3 회독

★ = 3회 이상 출제된 한자성어

01 ☐☐☐

芝蘭之化　지란지화 [지초 지, 난초 란, 갈 지, 될 화]

겉뜻 지초와 난초의 감화

속뜻 좋은 친구와 사귀면 자연히 그 아름다운 덕에 감화됨

02 ☐☐☐

本末顚倒　본말전도 [근본 본, 끝 말, 엎드러질 전, 넘어질 도]

겉뜻 근본과 끝이 뒤집어짐

속뜻 ① 일의 처음과 나중이 거꾸로 됨

　　② 일의 근본은 잊고 보잘것없이 작은 부분에만 집중함

03 ☐☐☐

不立文字　불립문자 [아닐 불, 설 립, 글월 문, 글자 자]

겉뜻 문자로는 가르침을 세우지 않음

속뜻 불도의 깨달음은 말이나 글에 의지하지 않고 마음에서 마음으로 전하는 것임

04 ☐☐☐

不問曲直　불문곡직 [아닐 불, 물을 문, 굽을 곡, 곧을 직]

겉뜻 굽어 있는지 곧은지 묻지 않음

속뜻 옳고 그름을 따지지 않음

05 ☐☐☐

貧而無怨　빈이무원 [가난할 빈, 말 이을 이, 없을 무, 원망할 원]

겉뜻 가난하지만 원망이 없음

속뜻 가난해도 세상에 대한 원망을 하지 않음

06 ☐☐☐

砂上樓閣　사상누각 [모래 사, 윗 상, 다락 누, 집 각]

겉뜻 모래 위에 세운 누각

속뜻 기초가 약해 오래 견디지 못할 물건이나 일

07 ☐☐☐

事親以孝 사친이효 [일 사, 친할 친, 써 이, 효도 효]

겉뜻 효도로써 어버이를 섬김
속뜻 세속 오계의 하나. 어버이를 섬기기를 효도로써 함

08 ☐☐☐

桑田碧海 상전벽해 [뽕나무 상, 밭 전, 푸를 벽, 바다 해]

⊜ 桑田滄海(상전창해)
⊜ 桑海之變(상해지변)

겉뜻 뽕나무 밭이 푸른 바다로 변함
속뜻 세상일의 변천이 심함

09 ☐☐☐

上下撑石 상하탱석 [윗 상, 아래 하, 버틸 탱, 돌 석]

겉뜻 윗돌을 빼서 아랫돌을 괴고, 아랫돌을 빼서 윗돌을 굄
속뜻 몹시 꼬이는 일을 당하여 임시변통으로 이리저리 맞추어서 겨우 유지해 감

10 ☐☐☐

生者必滅 생자필멸 [날 생, 놈 자, 반드시 필, 꺼질 멸]

겉뜻 태어난 것은 반드시 죽음
속뜻 생명이 있는 것은 반드시 죽음 존재의 무상

Daily Quiz

다음 한자성어의 독음을 기재하시오.

01	事親以孝		02	桑田碧海	
03	本末顚倒		04	貧而無怨	
05	上下撑石		06	生者必滅	

다음 한자성어의 의미를 찾아 연결하시오.

07 不問曲直   ㉠ 어떤 일이나 사물의 기초가 튼튼하지 못함

08 砂上樓閣   ㉡ 옳고 그름을 묻지 않음

09 芝蘭之化   ㉢ 불도의 깨달음은 말이 아닌 마음에서 마음으로 전하는 것임

10 不立文字   ㉣ 좋은 친구를 사귀면 그 아름다운 덕에 감화됨

정답 01 사친이효 02 상전벽해 03 본말전도 04 빈이무원 05 상하탱석 06 생자필멸 07 ㉡ 08 ㉠ 09 ㉣ 10 ㉢

DAY 13

■ 1 회독 　■ 2 회독 　■ 3 회독

★ = 3회 이상 출제된 한자성어

01 ☐☐☐

★十匙一飯 **십시일반** [열 십, 숟가락 시, 한 일, 밥 반]

겉뜻 밥 열 술이 한 그릇이 됨
속뜻 여러 사람이 조금씩 힘을 모으면 한 사람을 돕기 쉬움

02 ☐☐☐

笑裏藏刀 **소리장도** [웃음 소, 속 리, 감출 장, 칼 도]

◎ 笑中有劍(소중유검)
◎ 笑中有刀(소중유도)

겉뜻 웃는 마음속에 칼이 있음
속뜻 겉으로는 웃고 있으나 마음속에는 해칠 마음을 품고 있음

03 ☐☐☐

君臣有義 **군신유의** [임금 군, 신하 신, 있을 유, 옳을 의]

겉뜻 임금과 신하 사이에 의리가 있음
속뜻 임금과 신하 사이의 도리는 의리에 있음

04 ☐☐☐

水魚之交 **수어지교** [물 수, 물고기 어, 갈 지, 사귈 교]

겉뜻 물이 없으면 살 수 없는 물고기와 물의 관계
속뜻 ① 매우 친밀하게 사귀어 떨어질 수 없는 사이
② 임금과 신하 또는 부부의 친밀함

05 ☐☐☐

脣亡齒寒 **순망치한** [입술 순, 망할 망, 이 치, 찰 한]

겉뜻 입술이 없으면 이가 시림
속뜻 서로 이해관계가 밀접한 사이에 어느 한쪽이 망하면 다른 한쪽도 그 영향을 받아
온전하기 어려움

06 ☐☐☐

모두 '탄식할 탄'

黍離之歎
黍離之嘆 **서리지탄** [기장 서, 떠날 리, 갈 지, 탄식할 탄]

겉뜻 나라가 멸망하여 옛 궁궐터에 기장만이 무성한 것을 탄식함
속뜻 세상의 영고성쇠가 무상함을 탄식함

07 ☐☐☐

眼下無人　안하무인 [눈 안, 아래 하, 없을 무, 사람 인]

⊕ 眼中無人(안중무인)

겉뜻 눈 아래에 사람이 없음

속뜻 교만하고 방자하여 다른 사람을 업신여김

08 ☐☐☐

魚魯不辨　어로불변 [물고기 어, 노둔할 로, 아닐 불, 분별할 변]

겉뜻 '어' 자와 '로' 자를 분별하지 못함

속뜻 아주 무식함

09 ☐☐☐

物我一體　물아일체 [물건 물, 나 아, 한 일, 몸 체]

⊕ 物心一如(물심일여)

겉뜻 사물과 자아가 하나가 됨

속뜻 외물과 자아, 객관과 주관, 또는 물질계와 정신계가 어울려 하나가 됨

10 ☐☐☐

掩耳盜鈴　엄이도령 [가릴 엄, 귀 이, 도둑 도, 방울 령]

겉뜻 귀를 막고 방울을 훔침

속뜻 모든 사람이 그 잘못을 다 알고 있는데 얕은꾀를 써서 다른 사람을 속이려 함

Daily Quiz

다음 한자성어의 **독음**을 기재하시오.

01 君臣有義 ＿＿＿＿＿＿＿

02 掩耳盜鈴 ＿＿＿＿＿＿＿

03 笑裏藏刀 ＿＿＿＿＿＿＿

04 物我一體 ＿＿＿＿＿＿＿

05 脣亡齒寒 ＿＿＿＿＿＿＿

06 黍離之歎 ＿＿＿＿＿＿＿

다음 한자성어의 **의미**를 찾아 연결하시오.

07 十匙一飯 　　　　　㉠ 무례하고 교만하여 남을 업신여김

08 魚魯不辨 　　　　　㉡ 매우 무식함

09 水魚之交 　　　　　㉢ 여러 사람이 힘을 보태면 한 사람을 돕기 쉬움

10 眼下無人 　　　　　㉣ 친하고 가까워 떨어질 수 없는 사이

01 ☐☐☐

如出一口　여출일구 [같을 여, 날 출, 한 일, 입 구]

겉뜻 한 입에서 나오는 것과 같음

속뜻 한 입에서 나오는 것처럼 여러 사람의 말이 같음

02 ☐☐☐

炎凉世態　염량세태 [불꽃 염, 서늘할 량, 인간 세, 모습 태]

겉뜻 뜨거웠다가 서늘해지는 세태

속뜻 세력이 있을 때는 아첨하며 따르고 세력이 없어지면 푸대접하는 세상의 인심

03 ☐☐☐

拈華示衆　염화시중 [집을 염, 빛날 화, 보일 시, 무리 중]

겉뜻 꽃을 따서 무리에게 보여줌

속뜻 말로 통하지 않고 마음에서 마음으로 전하는 일

04 ☐☐☐

吾不關焉　오불관언 [나 오, 아닐 불, 관계할 관, 어찌 언]

겉뜻 나는 어떤 것에도 관계하지 않음

속뜻 나는 그 일에 상관하지 않음

05 ☐☐☐

烏飛梨落　오비이락 [까마귀 오, 날 비, 배나무 이, 떨어질 락]

겉뜻 까마귀 날자 배 떨어짐

속뜻 공교롭게도 어떤 일이 같은 때에 일어나 남의 의심을 받게 됨

06 ☐☐☐

欲速不達　욕속부달 [하고자 할 욕, 빠를 속, 아닐 부, 통달할 달]

겉뜻 빠르게 하고자 하면 다다르지 못함

속뜻 일을 빨리 하고자 하면 도리어 이루지 못함

07 □□□

雲泥之差

운니지차 [구름 운, 진흙 니, 갈 지, 다를 차]

겉뜻 구름과 진흙의 차이
속뜻 서로 간의 차이가 매우 심함

08 □□□

流言蜚語

유언비어 [흐를 유, 말씀 언, 날 비, 말씀 어]

겉뜻 흐르며 돌아다니는 말
속뜻 아무 근거 없이 널리 퍼진 소문

09 □□□

利用厚生

이용후생 [이로울 이, 쓸 용, 두터울 후, 날 생]

겉뜻 기구들을 이롭게 쓰고 생활을 두텁게 함
속뜻 기구를 편리하게 쓰고 먹을 것과 입을 것을 넉넉하게 하여, 국민의 삶이 나아지게 함

10 □□□

一敗塗地

일패도지 [한 일, 패할 패, 칠할 도, 땅 지]

겉뜻 싸움에 한 번 패하여 간과 뇌가 땅바닥에 으깨어짐
속뜻 싸움에서 여지없이 패하여 다시 일어날 수 없게 됨

Daily Quiz

다음 한자성어의 독음을 기재하시오.

01 炎涼世態

02 一敗塗地

03 吾不關焉

04 烏飛梨落

05 利用厚生

06 如出一口

다음 한자성어의 의미를 찾아 연결하시오.

07 雲泥之差　　　　　㉠ 일을 빨리하려고 욕심내면 오히려 이루지 못함

08 流言蜚語　　　　　㉡ 말이 아닌 마음에서 마음으로 전하는 일

09 欲速不達　　　　　㉢ 근거 없이 널리 퍼진 소문

10 拈華示衆　　　　　㉣ 서로 간의 차이가 매우 큼

정답 01 염량세태 02 일패도지 03 오불관언 04 오비이락 05 이용후생 06 여출일구 07 ㉣ 08 ㉢ 09 ㉠ 10 ㉡

★ = 3회 이상 출제된 한자성어

01 ☐☐☐

自屈之心　자굴지심 [스스로 자, 굽힐 굴, 갈 지, 마음 심]

겉뜻 스스로를 굽히는 마음
속뜻 자신의 주장이나 견해, 의지 등을 스스로 굽히는 마음

02 ☐☐☐

自繩自縛　자승자박 [스스로 자, 노끈 승, 스스로 자, 얽을 박]

겉뜻 자기의 줄로 자기 몸을 옭아 묶음
속뜻 자기가 한 말과 행동에 자기 스스로 얽혀 곤란하게 됨

03 ☐☐☐

自中之亂　자중지란 [스스로 자, 가운데 중, 갈 지, 어지러울 란]

겉뜻 가운데에서 일어나는 싸움
속뜻 같은 편끼리 하는 싸움

04 ☐☐☐

張三李四　장삼이사 [베풀 장, 석 삼, 성씨 이, 넉 사]

겉뜻 장씨의 셋째 아들과 이씨의 넷째 아들
속뜻 평범한 사람들

05 ☐☐☐

長幼有序　장유유서 [어른 장, 어릴 유, 있을 유, 차례 서]

겉뜻 어른과 어린아이 사이에는 차례가 있음
속뜻 어른과 아이 사이의 도리에는 지켜야 할 차례와 질서가 있음

06 ☐☐☐

轉禍爲福　전화위복 [구를 전, 재앙 화, 할 위, 복 복]

겉뜻 재앙이 바뀌어 복이 됨
속뜻 재앙과 근심, 걱정이 바뀌어 오히려 복이 됨

07 ☐☐☐

朋友有信

붕우유신 [벗 붕, 벗 우, 있을 유, 믿을 신]

겉뜻 벗 사이에 믿음이 있음
속뜻 벗과 벗 사이의 도리는 믿음에 있음

08 ☐☐☐

朝變夕改

조변석개 [아침 조, 변할 변, 저녁 석, 고칠 개]

🔁 **朝改暮變**(조개모변)

겉뜻 아침저녁으로 뜯어고침
속뜻 어떤 결정이나 계획 등을 일관성 없이 자주 고침

09 ☐☐☐

主客顚倒

주객전도 [주인 주, 손 객, 엎드러질 전, 넘어질 도]

겉뜻 주인과 손님의 위치가 서로 뒤바뀜
속뜻 사물의 경중 · 선후 · 완급 등이 서로 뒤바뀜

10 ☐☐☐

走馬加鞭

주마가편 [달릴 주, 말 마, 더할 가, 채찍 편]

겉뜻 달리는 말에 채찍질함
속뜻 잘하는 사람을 더욱 장려함

DAY 15
해커스공무원 신민숙 필수 한자성어 300

Daily Quiz

다음 한자성어의 독음을 기재하시오.

01 主客顚倒

02 轉禍爲福

03 自繩自縛

04 走馬加鞭

05 張三李四

06 自屈之心

다음 한자성어의 의미를 찾아 연결하시오.

07 長幼有序 ・ ・ ㉠ 친구와 친구 사이에는 믿음이 있음

08 自中之亂 ・ ・ ㉡ 어른과 아이 사이의 도리는 순서와 질서에 있음

09 朝變夕改 ・ ・ ㉢ 결정이나 계획을 자주 고침

10 朋友有信 ・ ・ ㉣ 같은 편끼리 싸움

정답 01 주객전도 02 전화위복 03 자승자박 04 주마가편 05 장삼이사 06 자굴지심 07 ㉡ 08 ㉣ 09 ㉢ 10 ㉠

01 ☐☐☐

草根木皮

초근목피 [풀 초, 뿌리 근, 나무 **목**, 가죽 **피**]

겉뜻 풀뿌리와 나무껍질
속뜻 맛이나 영양 가치가 없는 거친 음식

02 ☐☐☐

惻隱之心

측은지심 [슬퍼할 측, 숨을 은, 갈 지, 마음 심]

겉뜻 슬퍼하고 근심하는 마음
속뜻 불쌍히 여기는 마음

03 ☐☐☐

鏡中美人

경중미인 [거울 경, 가운데 중, 아름다울 미, 사람 인]

겉뜻 거울에 비친 미인
속뜻 실속 없는 일

04 ☐☐☐

兎死狗烹

토사구팽 [토끼 토, 죽을 사, 개 구, 삶을 팽]

겉뜻 토끼가 죽으면 토끼를 잡던 사냥개를 삶아 먹음
속뜻 필요할 때는 쓰고 필요 없을 때는 야박하게 버리는 경우

05 ☐☐☐

破廉恥漢

파렴치한 [깨뜨릴 파, 청렴할 렴, 부끄러울 치, 한수 한]

겉뜻 염치를 모르는 사람
속뜻 체면이나 부끄러움을 모르는 뻔뻔스러운 사람

06 ☐☐☐

下石上臺

하석상대 [아래 하, 돌 석, 윗 상, 대 대]

겉뜻 아랫돌 빼서 윗돌 괴고, 윗돌 빼서 아랫돌 굄
속뜻 임시변통으로 이리저리 꾸며 둘러맞춤

07 ☐☐☐

含憤蓄怨

함분축원 [머금을 **함**, 분할 **분**, 모을 **축**, 원망할 **원**]

겉뜻 분함을 머금고 원망을 쌓음
속뜻 마음속에 분을 품고 원한을 쌓음

08 ☐☐☐

兄友弟恭

형우제공 [형 **형**, 벗 **우**, 아우 **제**, 공손할 **공**]

겉뜻 형은 아우를 사랑하고 동생은 형을 공경함
속뜻 형제간에 서로 우애 깊게 지냄

09 ☐☐☐

*昏定晨省

혼정신성 [어두울 **혼**, 정할 **정**, 새벽 **신**, 살필 **성**]

겉뜻 밤에는 부모의 잠자리를 정해 드리고 새벽에는 부모의 밤새 안부를 물음
속뜻 자식이 부모를 잘 섬기고 효성을 다함

10 ☐☐☐

厚顔無恥

후안무치 [두터울 **후**, 낯 **안**, 없을 **무**, 부끄러울 **치**]

겉뜻 얼굴이 두꺼워 부끄러움이 없음
속뜻 뻔뻔하고 부끄러움이 없음

Daily Quiz

다음 한자성어의 <u>독음</u>을 기재하시오.

01 昏定晨省   02 兔死狗烹

03 厚顔無恥   04 鏡中美人

05 下石上臺   06 破廉恥漢

다음 한자성어의 <u>의미</u>를 찾아 연결하시오.

07 草根木皮   ㉠ 형제끼리 우애가 깊음

08 兄友弟恭   ㉡ 남을 불쌍하게 여기는 마음

09 惻隱之心   ㉢ 분한 마음을 갖고 원한을 쌓음

10 含憤蓄怨   ㉣ 맛이나 영양가 없는 음식

정답 01 혼정신성 02 토사구팽 03 후안무치 04 경중미인 05 하석상대 06 파렴치한 07 ㉣ 08 ㉠ 09 ㉡ 10 ㉢

해커스공무원 신민숙 필수 한자성어 300

DAY 16

★ = 3회 이상 출제된 한자성어

01 ☐☐☐

浩然之氣　호연지기 [넓을 호, 그럴 연, 갈 지, 기운 기]

겉뜻 넓고 왕성하게 뻗은 기운
속뜻 ① 하늘과 땅 사이에 가득 찬 넓고 큰 기운
　　　　② 거침없이 넓고 큰 기개

02 ☐☐☐

匹夫匹婦　필부필부 [짝 필, 지아비 부, 짝 필, 며느리 부]

겉뜻 신분이 낮은 남자와 신분이 낮은 여자
속뜻 평범한 남자와 여자

03 ☐☐☐

興亡盛衰　흥망성쇠 [일 흥, 망할 망, 성할 성, 쇠할 쇠]

겉뜻 흥하고 망함, 융성하고 쇠퇴함
속뜻 세상의 모든 일은 고정되어 있지 않고 늘 변함

04 ☐☐☐

★韋編三絶　위편삼절 [가죽 위, 엮을 편, 석 삼, 끊을 절]

겉뜻 가죽으로 엮은 곳이 세 번 끊어짐
속뜻 책을 열심히 읽음

05 ☐☐☐

尾生之信　미생지신 [꼬리 미, 날 생, 갈 지, 믿을 신]

겉뜻 '미생'이 지킨 믿음
속뜻 우직하여 융통성이 없이 약속만을 굳게 지킴

06 ☐☐☐

膠漆之交　교칠지교 [아교 교, 옻 칠, 갈 지, 사귈 교]

겉뜻 아교와 옻의 우정
속뜻 아주 친밀하여 서로 떨어질 수 없는 교분

07 ☐☐☐

★金蘭之契 금란지계 [쇠 금, 난초 란, 갈 지, 맺을 계]　　　　　🔁 金蘭之交(금란지교)

겉뜻 쇠와 같이 단단하고 난초의 향기와 같이 그윽한 사귐

속뜻 친구 사이의 두터운 정

08 ☐☐☐

伯牙絶絃 백아절현 [맏 백, 어금니 아, 끊을 절, 줄 현]

겉뜻 백아가 거문고의 줄을 끊어 버림

속뜻 자기를 인정해 주는 참다운 벗의 죽음을 슬퍼함

09 ☐☐☐

松茂柏悅 송무백열 [소나무 송, 무성할 무, 측백 백, 기쁠 열]

겉뜻 소나무가 무성하면 잣나무가 기뻐함

속뜻 벗이 잘되는 것을 기뻐함

10 ☐☐☐

桑麻之交 상마지교 [뽕나무 상, 삼 마, 갈 지, 사귈 교]

겉뜻 뽕나무와 삼나무를 벗 삼아 지냄

속뜻 전원에 은거하여 시골 사람들과 사귀며 지냄

Daily Quiz

다음 한자성어의 독음을 기재하시오.

01 金蘭之契 ▨▨▨▨▨▨　　　　02 桑麻之交 ▨▨▨▨▨▨

03 興亡盛衰 ▨▨▨▨▨▨　　　　04 浩然之氣 ▨▨▨▨▨▨

05 尾生之信 ▨▨▨▨▨▨　　　　06 松茂柏悅 ▨▨▨▨▨▨

다음 한자성어의 의미를 찾아 연결하시오.

07 匹夫匹婦　　　　　　　⊙ 열심히 독서함

08 膠漆之交　　　　　　　⊙ 평범한 사람들

09 伯牙絶絃　　　　　　　⊙ 매우 친밀한 사귐

10 韋編三絶　　　　　　　⊜ 자기를 알아주는 벗의 죽음을 슬퍼함

정답 01 금란지계 02 상마지교 03 흥망성쇠 04 호연지기 05 미생지신 06 송무백열 07 ⊙ 08 ⊙ 09 ⊜ 10 ⊙

★ = 3회 이상 출제된 한자성어

01 ☐☐☐

先憂後樂

선우후락 [먼저 **선**, 근심 **우**, 뒤 **후**, 즐길 **락**]

겉뜻 남보다 먼저 근심하고, 나중에 즐거워함
속뜻 지사나 어진 사람의 마음씨

02 ☐☐☐

★曲學阿世

곡학아세 [굽을 **곡**, 배울 **학**, 언덕 **아**, 인간 **세**]

겉뜻 굽은 학문으로 세상에 아첨함
속뜻 바르지 않은 학문으로 세상 사람에게 아첨함

03 ☐☐☐

★刮目相對

괄목상대 [긁을 **괄**, 눈 **목**, 서로 **상**, 대할 **대**]

겉뜻 눈을 비비고 상대편을 봄
속뜻 상대방의 학식이나 재주가 놀랄 만큼 부쩍 늚

04 ☐☐☐

角者無齒

각자무치 [뿔 **각**, 놈 **자**, 없을 **무**, 이 **치**]

겉뜻 뿔이 있는 짐승은 이가 없음
속뜻 한 사람이 여러 가지 재주나 복을 다 가질 수 없음

05 ☐☐☐

甘吞苦吐

감탄고토 [달 **감**, 삼킬 **탄**, 쓸 **고**, 토할 **토**]

겉뜻 달면 삼키고 쓰면 뱉음
속뜻 자신의 비위에 따라서 사리의 옳고 그름을 판단함

06 ☐☐☐

支離滅裂

지리멸렬 [지탱할 **지**, 떠날 **리**, 꺼질 **멸**, 찢을 **렬**]

◎ 支離分散(지리분산)

겉뜻 흩어지고 찢김
속뜻 흩어지고 찢기어 갈피를 잡을 수 없음

07 ☐☐☐

怒氣登天

노기등천 [성낼 노, 기운 기, 오를 등, 하늘 천]

🔄 怒氣衝天(노기충천)

겉뜻 성난 기세가 하늘을 찌름

속뜻 하늘을 찌를 듯이 화가 머리끝까지 난 상태

08 ☐☐☐

命在頃刻

명재경각 [목숨 명, 있을 재, 이랑 경, 새길 각]

🔄 命在朝夕(명재조석)

겉뜻 목숨이 경각에 있음

속뜻 거의 죽게 되어 숨이 곧 끊어질 지경에 이름

09 ☐☐☐

四顧無親

사고무친 [넉 사, 돌아볼 고, 없을 무, 친할 친]

겉뜻 사방을 보아도 친척이 없음

속뜻 주변에 의지할 만한 사람이 아무도 없음

10 ☐☐☐

聲東擊西

성동격서 [소리 성, 동녘 동, 칠 격, 서녘 서]

겉뜻 동쪽에서 소리를 내고 서쪽에서 적을 침

속뜻 적을 유인하여 이쪽을 공격하는 체하다가 그 반대쪽을 치는 전술

Daily Quiz

다음 한자성어의 독음을 기재하시오.

01 曲學阿世

02 聲東擊西

03 支離滅裂

04 刮目相對

05 怒氣登天

06 命在頃刻

다음 한자성어의 의미를 찾아 연결하시오.

07 四顧無親   ㉠ 남보다 근심할 일을 먼저 근심하고 즐길 일은 나중에 즐김

08 甘呑苦吐   ㉡ 자신의 비위에 맞으면 취하고 싫으면 버림

09 先憂後樂   ㉢ 의지할 사람이 아무도 없음

10 角者無齒   ㉣ 한 사람이 모든 복을 갖지는 못함

정답 01 곡학아세 02 성동격서 03 지리멸렬 04 괄목상대 05 노기등천 06 명재경각 07 ㉢ 08 ㉡ 09 ㉠ 10 ㉣

DAY 19

■ 1 회독　　■ 2 회독　　■ 3 회독

★ = 3회 이상 출제된 한자성어

01 □□□

首丘初心　수구초심 [머리 수, 언덕 구, 처음 초, 마음 심]

겉뜻 여우가 죽을 때에 머리를 자기가 살던 굴 쪽으로 둠
속뜻 고향을 그리워하는 마음

02 □□□

十日之菊　십일지국 [열 십, 날 일, 갈 지, 국화 국]

겉뜻 한창때인 9월 9일이 지난 9월 10일의 국화
속뜻 이미 때가 늦은 일

03 □□□

寤寐不忘　오매불망 [잠 깰 오, 잘 매, 아닐 불, 잊을 망]

겉뜻 자나 깨나 잊지 못함
속뜻 상대방을 잊지 못하고 늘 생각함

04 □□□

★天衣無縫　천의무봉 [하늘 천, 옷 의, 없을 무, 꿰맬 봉]

겉뜻 천사의 옷은 꿰맨 흔적이 없음
속뜻 ① 일부러 꾸민 데 없이 자연스럽고 아름다우면서 완전함
　　　② 완전무결하여 흠이 없음

05 □□□

烹頭耳熟　팽두이숙 [삶을 팽, 머리 두, 귀 이, 익을 숙]

겉뜻 머리를 삶으면 귀까지 익음
속뜻 한 가지 일이 잘되면 다른 일도 저절로 이루어짐

06 □□□

風木之悲　풍목지비 [바람 풍, 나무 목, 갈 지, 슬플 비]

겉뜻 나무가 바람에 흔들림을 슬퍼함
속뜻 효도를 다하지 못한 채 어버이를 여읜 자식의 슬픔

07 ☐☐☐

閑中眞味 한중진미 [한가할 한, 가운데 중, 참 진, 맛 미]

겉뜻 한가한 가운데의 참다운 맛

속뜻 한가함 속에 깃드는 참다운 맛

08 ☐☐☐

錦衣夜行 금의야행 [비단 금, 옷 의, 밤 야, 다닐 행]

⊜ 夜行被繡(야행피수)

겉뜻 비단옷을 입고 밤길을 돌아다님

속뜻 ① 자랑삼아 하지 않으면 생색이 나지 않음
② 아무 보람이 없는 일을 함

09 ☐☐☐

丹脣皓齒 단순호치 [붉을 단, 입술 순, 흴 호, 이 치]

겉뜻 붉은 입술과 하얀 치아

속뜻 아름다운 여자

10 ☐☐☐

目不識丁 목불식정 [눈 목, 아닐 불, 알 식, 고무래 정]

⊜ 一字無識(일자무식)

겉뜻 아주 간단한 글자인 '정(丁)'자를 보고도 그것이 '고무래'인 줄을 알지 못함

속뜻 아주 까막눈임

Daily Quiz

다음 한자성어의 <u>독음</u>을 기재하시오.

01 天衣無縫

02 目不識丁

03 錦衣夜行

04 烹頭耳熟

05 寤寐不忘

06 閑中眞味

다음 한자성어의 <u>의미</u>를 찾아 연결하시오.

07 首丘初心 　　　　　　⊙ 아름다운 여인

08 風木之悲 　　　　　　ⓒ 때가 늦은 일

09 丹脣皓齒 　　　　　　ⓒ 부모가 이미 돌아가셔서 효도하지 못함을 탄식함

10 十日之菊 　　　　　　ⓔ 고향에 대한 그리움

정답 01 천의무봉 02 목불식정 03 금의야행 04 팽두이숙 05 오매불망 06 한중진미 07 ⓔ 08 ⓒ 09 ⊙ 10 ⓒ

★ = 3회 이상 출제된 한자성어

01 □□□

興盡悲來　흥진비래 [일 흥, 다할 진, 슬플 비, 올 래]

겉뜻 즐거운 일이 다하면 슬픈 일이 닥쳐옴
속뜻 세상일은 순환되는 것임

02 □□□

草露人生　초로인생 [풀 초, 이슬 로, 사람 인, 날 생]

겉뜻 풀잎에 맺힌 이슬 같은 인생
속뜻 허무하고 덧없는 인생

03 □□□

隔世之感　격세지감 [사이 뜰 격, 인간 세, 갈 지, 느낄 감]

겉뜻 세대에 사이가 뜬 느낌
속뜻 오래지 않은 동안에 몰라보게 변해 다른 세상이 된 것 같음

04 □□□

能小能大　능소능대 [능할 능, 작을 소, 능할 능, 클 대]

겉뜻 작은 일에도 능하고 큰 일에도 능함
속뜻 모든 일에 골고루 능함

05 □□□

辟邪進慶　벽사진경 [임금 벽, 간사할 사, 나아갈 진, 경사 경]

겉뜻 간사한 것을 물리치고 경사스러운 것으로 나아감
속뜻 요사스러운 귀신을 쫓고 경사를 맞이함

06 □□□

擧案齊眉　거안제미 [들 거, 책상 안, 가지런할 제, 눈썹 미]

겉뜻 밥상을 눈썹과 가지런하도록 공손히 들어 남편 앞에 가지고 감
속뜻 남편을 깍듯이 공경함

07 ☐☐☐

手不釋卷 수불석권 [손 수, 아니 불, 풀 석, 책 권]

> 겉뜻 책을 손에서 놓지 않음
> 속뜻 손에서 책을 놓지 않을 정도로 늘 글을 읽음

08 ☐☐☐

敝袍破笠 폐포파립 [해질 폐, 도포 포, 깨뜨릴 파, 삿갓 립]

> 겉뜻 해어진 옷과 부서진 갓
> 속뜻 구차하고 초라한 차림새

09 ☐☐☐

夫婦有別 부부유별 [지아비 부, 며느리 부, 있을 유, 나눌 별]

> 겉뜻 부부간에 구별이 있음
> 속뜻 남편과 아내 사이의 도리는 서로 침범하지 않음에 있음

10 ☐☐☐

滄桑世界 창상세계 [큰 바다 창, 뽕나무 상, 인간 세, 지경 계]

> 겉뜻 뽕나무 밭이 바다로 변함
> 속뜻 급격히 바뀌어 변모하는 세상

Daily Quiz

다음 한자성어의 독음을 기재하시오.

01 擧案齊眉 　　　　　　　　　02 滄桑世界

03 能小能大 　　　　　　　　　04 興盡悲來

05 隔世之感 　　　　　　　　　06 夫婦有別

다음 한자성어의 의미를 찾아 연결하시오.

07 草露人生 　　　　　　　㉠ 책을 놓지 않고 항상 글을 읽음

08 手不釋卷 　　　　　　　㉡ 가난하고 허름한 차림새

09 辟邪進慶 　　　　　　　㉢ 덧없는 인생

10 敝袍破笠 　　　　　　　㉣ 사악한 것을 쫓고 경사를 맞이함

정답 01 거안제미 02 창상세계 03 능소능대 04 흥진비래 05 격세지감 06 부부유별 07 ㉢ 08 ㉠ 09 ㉣ 10 ㉡

실전 문제 ② (DAY 11~20)

01 다음 (   )속에 들어갈 말로 가장 적절한 것은? 19. 지방직 9급

> 방랑시인 김삿갓의 시는 해학과 풍자로 가득 차 있는데, 무슨 시든 단숨에 써 내리는 一筆揮之인데다 가히 (   )의 상태라서 일부러 꾸미지 않았는데도 자연스럽고 아름답다.

① 花朝月夕   ② 韋編三絶   ③ 天衣無縫   ④ 莫無可奈

02 다음 한자성어와 의미의 연결이 잘못된 것은?

① 物我一體 - 모든 것이 어울려 하나가 됨
② 魚魯不辨 - 아주 유식함을 비유적으로 이르는 말
③ 眼下無人 - 교만하고 방자하여 다른 사람을 업신여김을 이르는 말
④ 十匙一飯 - 여럿이 힘을 모으면 한 사람을 돕기 쉬움

03 밑줄 친 한자성어의 쓰임이 적절하지 않은 것은? 17. 국가직 9급(10월)

① 그는 이번 실패에 굴하지 않고 捲土重來를 꿈꾸고 있다.
② 그는 魚魯不辨으로 부당 이득을 취한 혐의를 받고 있다.
③ 그는 이번 사건에 吾不關焉하면서 책임을 회피하고 있다.
④ 그의 말이 羊頭狗肉으로 평가받는 것은 겉만 그럴듯해서이다.

04 다음 한자성어와 의미의 연결이 잘못된 것은?

① 利用厚生 - 기구를 편리하게 쓰고 먹을 것과 입을 것을 넉넉하게 하여, 국민의 삶이 나아지게 함

② 流言蜚語 - 아무 근거 없이 널리 퍼진 소문

③ 烏飛梨落 - 공교롭게도 어떤 일이 같은 때에 일어나 남의 의심을 받게 됨

④ 吾不關焉 - 신경이 많이 쓰이는 일

05 다음 한자성어 중 의미가 나머지 셋과 가장 다른 것은? 15. 서울시 9급

① 道聽塗說 ② 心心相印 ③ 拈華微笑 ④ 以心傳心

06 다음 시조에 드러난 화자의 정서와 가장 가까운 것은? 14. 지방직 9급

> 흥망(興亡)이 유수(有數)ㅎ니 만월대(滿月臺)도 추초(秋草) ㅣ 로다.
> 오백 년(五百年) 왕업(王業)이 목적(牧笛)에 부쳐시니
> 석양(夕陽)에 지나는 객(客)이 눈물계워 ㅎ노라.

① 서리지탄(黍離之歎) ② 만시지탄(晚時之歎)
③ 망양지탄(亡羊之歎) ④ 비육지탄(髀肉之歎)

07 다음 ( )속에 들어갈 말로 가장 적절한 것은?

> 진나라를 정복한 항우는 온갖 진나라의 귀한 보물들을 가지고 고향으로 돌아가려 했다. 그런데 그의 부하 중 한 명은 진나라의 땅이 기름지고 산으로 온 사방이 막혀 있으니 이를 도읍지로 정하자고 청하였다. 그러나 항우는 자신의 업적을 고향에 알리고 싶은 마음에 "부귀영화를 얻고 고향에 돌아가지 않는 것은 ( )과 같은 행위"라고 말하면서 그의 청을 뿌리쳤다. 추후 항우는 유방에게 천하를 빼앗기고 만다.

① 간명범의(干名犯義) ② 읍참마속(泣斬馬謖)
③ 금의야행(錦衣夜行) ④ 와신상담(臥薪嘗膽)

08 괄호 안에 들어갈 고사성어로 적절한 것은? 13. 국가직 9급

> 좀 과장하자면, 그 집의 겉과 속은 ( )라는 말이 떠오를 정도로 달랐다.

① 阿鼻叫喚 ② 雲泥之差 ③ 怒氣登天 ④ 百難之中

09 다음 한자성어와 의미의 연결이 잘못된 것은?
① 惻隱之心 - 불쌍히 여기는 마음을 이름
② 他山之石 - 본보기가 되지 않은 다른 사람의 말이나 행동은 자신의 지식과 인격을 수양하는 데에 해가 될 수 있음을 이르는 말
③ 兎死狗烹 - 필요할 때 쓰고 필요 없을 때는 야박하게 버리는 경우를 이르는 말
④ 破廉恥漢 - 체면이나 부끄러움을 모르는 뻔뻔스러운 사람

10 다음 고사성어와 그 뜻을 바르게 설명한 것은?　　　　　　　　　　　　　　12. 국가직 7급

① 姑息之計: 멀리 보고 심사숙고한 계책
② 不刊之書: 영구히 전하여 없어지지 않을 만한 좋은 책
③ 十日之菊: 국화가 최고로 개화한 상황으로 어떤 일의 절정
④ 浮雲之志: 하늘에 떠도는 구름처럼 얽매임 없이 자유로운 마음

11 밑줄 친 한자성어가 문맥상 적절하지 않은 것은?　　　　　　　　　　　　　11. 국가직 7급

① 이번에 아드님을 얻은 弄瓦之慶(농와지경)을 축하드립니다.
② 그는 이번에 오래 사귄 친구를 잃는 伯牙絶絃(백아절현)의 슬픔을 겪었다.
③ 다문화 가정에 대한 현재의 隔靴搔癢(격화소양)식의 대처로는 문제를 근본적으로 해결하지 못한다.
④ 掩耳盜鈴(엄이도령)식으로 얕은꾀를 부려 봐야 머지않아 본색이 드러나고야 말 것이다.

12 ㉠~㉢에 들어갈 한자 숙어나 고사성어가 바르게 연결된 것은?　　　　　　　10. 국가직 9급

> • (　㉠　)이라고, 내가 가지지 못한 것을 보니 욕심이 생긴다.
> • 그 교수님의 강의 내용은 작년 것과 (　㉡　)하다.
> • 부정부패를 (　㉢　)하고서야 나라의 기강이 바로 서는 법이다.
> • 공무원은 (　㉣　)의 자세로 업무를 처리해야 한다.

	㉠	㉡	㉢	㉣
①	見勿生心	大同少異	發本塞源	不偏不黨
②	見勿生心	大同小異	拔本塞源	不便不黨
③	見物生心	大同小異	拔本塞源	不偏不黨
④	見物生心	大同少異	發本塞源	不便不黨

13 다음 사자성어 중 그 의미가 다른 하나는?　　　　　　　　　　　　　　　　14. 서울시 9급

　　① 桑麻之交　　　② 刎頸之交　　　③ 膠漆之交　　　④ 金蘭之交　　　⑤ 水魚之交

14 다음 한자성어와 의미의 연결이 잘못된 것은?

　　① 拈華示衆 - 말이나 글에 의해 뜻을 전하는 일을 이르는 말
　　② 炎涼世態 - 권세가 있을 때는 아첨하며 따르고 권세가 사라지면 아무렇게나 대접하는 세상의
　　　　　　　　인심을 비유적으로 이르는 말
　　③ 如出一口 - 한 입에서 나오는 것처럼 여러 사람의 말이 같음을 이르는 말
　　④ 掩耳盜鈴 - 모든 사람이 그 잘못을 다 알고 있는데 얕은꾀를 써서 다른 사람을 속이려 함

15 '효녀 지은'의 행위를 나타내는 사자성어로 가장 적절한 것은?　　　　　　　　19. 지방직 7급

> 　효녀 지은은 어려서 아버지를 잃고 홀로 어머니를 봉양하였다. 아침과 저녁으로 문안드리며 곁
> 을 떠나지 않았다.
> 　　　　　　　　　　　　　　　　　　　　　　　　　 - 『삼국사기』 열전 '효녀 지은'에서

　　① 肝膽相照　　　　　② 磨斧爲針　　　　　③ 昏定晨省　　　　　④ 孤掌難鳴

16 다음 글에서 경계하고자 하는 태도와 유사한 것은?   15. 국가직 9급

> 비판적 사고는 지엽적이고 시시콜콜한 문제를 트집 잡아 물고 늘어지는 것이 아니라 문제의 핵심을 중요한 대상으로 삼는다. 비판적 사고는 제기된 주장에 어떤 오류나 잘못이 있는가를 찾아내기 위해 지엽적인 사항을 확대하여 문제로 삼는 태도나 사고방식과는 거리가 멀다.

① 격물치지(格物致知)
② 본말전도(本末顚倒)
③ 유명무실(有名無實)
④ 돈오점수(頓悟漸修)

17 다음 한자성어와 의미의 연결이 잘못된 것은?

① 朝變夕改 - 어떤 결정이나 계획 등을 체계적으로 하고 고치지 않음
② 主客顚倒 - 주가 되어야 할 것과 부차적인 것이 서로 바뀜을 이르는 말. 또는 선후, 완급 등이 뒤바뀜을 이르는 말
③ 走馬加鞭 - 잘하는 사람을 더욱 장려함을 이르는 말
④ 草根木皮 - 맛이나 영양 가치가 없는 거친 음식을 이르는 말

18 밑줄 친 부분과 어울리는 한자성어는?   13. 지방직 9급

> 초승달이나 보름달은 보는 이가 많지마는, 그믐달은 보는 이가 적어 그만큼 외로운 달이다. 객창한등(客窓寒燈)에 정든 님 그리워 잠 못 들어 하는 분이나, 못 견디게 쓰린 가슴을 움켜잡은 무슨 한(恨) 있는 사람이 아니면, 그 달을 보아 주는 이가 별로 없을 것이다.
>
> － 나도향, '그믐달' 중에서

① 동병상련(同病相憐)
② 불립문자(不立文字)
③ 각골난망(刻骨難忘)
④ 오매불망(寤寐不忘)

DAY 21

■ 1 회독　■ 2 회독　■ 3 회독

★ = 3회 이상 출제된 한자성어

01 □□□

進退維谷

진퇴유곡 [나아갈 진, 물러날 퇴, 벼리 유, 골 곡]

◉ **進退兩難**(진퇴양난)

겉뜻 나아갈 곳도, 물러날 곳도 오직 골짜기뿐임

속뜻 이러지도 저러지도 못하고 꼼짝할 수 없는 궁지

02 □□□

自畫自讚

자화자찬 [스스로 자, 그림 화, 스스로 자, 기릴 찬]

겉뜻 자신이 그린 그림을 스스로 칭찬함

속뜻 자신이 한 일을 스스로 자랑함

03 □□□

★安分知足

안분지족 [편안 안, 나눌 분, 알 지, 만족할 족]

겉뜻 분수에 편안해하며 만족을 앎

속뜻 자신의 분수를 지키며 만족할 줄 아는 삶 혹은 욕심없는 삶

04 □□□

左衝右突

좌충우돌 [왼 좌, 찌를 충, 오른쪽 우, 갑자기 돌]

겉뜻 왼쪽에서 찔리고 오른쪽에서 부딪힘

속뜻 ① 이리저리 마구 찌르고 부딪침
　　 ② 아무에게나 또는 아무 일에나 함부로 맞닥뜨림

05 □□□

玉石混淆

옥석혼효 [구슬 옥, 돌 석, 섞을 혼, 뒤섞일 효]

겉뜻 옥과 돌이 한데 섞여 있음

속뜻 좋은 것과 나쁜 것이 함께 섞여 있음

06 □□□

　　　　　┌─ 모두 '탄식할 탄'

破鏡之歎
破鏡之嘆

파경지탄 [깨뜨릴 파, 거울 경, 갈 지, 탄식할 탄]

겉뜻 깨진 거울 조각을 들고 탄식함

속뜻 부부의 이별을 서러워하는 탄식

07 ☐☐☐

干名犯義 **간명범의** [방패 간, 이름 명, 범할 범, 옳을 의]

> 겉뜻 간범(干犯: 범죄)으로 명예와 의로움을 저버림
> 속뜻 명분을 거스르고 의리를 어기는 행위

08 ☐☐☐

琴瑟之樂 **금슬지락** [거문고 금, 큰 거문고 슬, 갈 지, 즐길 락]

> 🔁 琴瑟之樂(금실지락)
> 🔁 二姓之樂(이성지락)

> 겉뜻 거문고와 비파의 소리가 서로 조화로움
> 속뜻 부부간의 사랑

09 ☐☐☐

★緣木求魚 **연목구어** [인연 연, 나무 목, 구할 구, 물고기 어]

> 겉뜻 나무에 올라 물고기를 구함
> 속뜻 도저히 불가능한 일을 굳이 하려 함

10 ☐☐☐

★四面楚歌 **사면초가** [넉 사, 낯 면, 초나라 초, 노래 가]

> 겉뜻 사방이 초나라의 노래 소리로 덮여 있음
> 속뜻 아무에게도 도움을 받지 못하는, 외롭고 곤란한 지경에 빠진 형편

Daily Quiz

다음 한자성어의 독음을 기재하시오.

01 左衝右突

02 四面楚歌

03 琴瑟之樂

04 進退維谷

05 玉石混淆

06 破鏡之歎

다음 한자성어의 의미를 찾아 연결하시오.

07 緣木求魚 　　　　　　㉠ 스스로 자신이 한 일을 자랑함

08 干名犯義 　　　　　　㉡ 의리를 저버리고 명분을 거스름

09 自畫自讚 　　　　　　㉢ 굳이 불가능한 일을 하려 함

10 安分知足 　　　　　　㉣ 편안한 마음으로 분수를 지키며 만족할 줄 아는 삶

DAY 22

■ 1 회독　■ 2 회독　■ 3 회독

★ = 3회 이상 출제된 한자성어

01 ☐☐☐

論功行賞　논공행상 [논할 논, 공 공, 다닐 행, 상줄 상]

겉뜻 공로를 논하여 상을 내림
속뜻 공적의 크고 작음 등을 논의하여 그에 알맞은 상을 줌

02 ☐☐☐

群鷄一鶴　군계일학 [무리 군, 닭 계, 한 일, 학 학]

겉뜻 닭의 무리 가운데에서 한 마리의 학
속뜻 많은 사람 가운데서 뛰어난 인물

03 ☐☐☐

內憂外患　내우외환 [안 내, 근심 우, 바깥 외, 근심 환]

겉뜻 내부에서의 근심과 외부로부터의 근심
속뜻 나라 안팎의 여러 가지 어려움

04 ☐☐☐

輾轉不寐　전전불매 [돌아누울 전, 구를 전, 아닐 불, 잘 매]

겉뜻 뒤척이며 자지 못함
속뜻 생각이 많아 속이 타는 것으로 근심과 걱정으로 몹시 불안한 상태

05 ☐☐☐

★羊頭狗肉　양두구육 [양 양, 머리 두, 개 구, 고기 육]

겉뜻 양의 머리를 걸어 놓고 개고기를 판매함
속뜻 겉보기만 그럴듯하게 보이고 속은 변변하지 않음

06 ☐☐☐

★事必歸正　사필귀정 [일 사, 반드시 필, 돌아갈 귀, 바를 정]

겉뜻 모든 일은 반드시 바르게 돌아감
속뜻 올바르지 못한 것들은 오래 가지 못하고, 결국 올바른 것에 지게 되어 있음

07 ☐☐☐

九死一生 구사일생 [아홉 구, 죽을 사, 한 일, 날 생]

겉뜻 아홉 번 죽을 뻔하다 한 번 살아남

속뜻 죽을 고비를 여러 차례 넘기고 겨우 살아남음

08 ☐☐☐

花朝月夕 화조월석 [꽃 화, 아침 조, 달 월, 저녁 석]

겉뜻 꽃 피는 아침과 달 밝은 밤

속뜻 ① 경치가 좋은 시절
② 음력 2월 보름과 8월 보름

09 ☐☐☐

背恩忘德 배은망덕 [등 배, 은혜 은, 잊을 망, 큰 덕]

겉뜻 은혜를 등지고 상대방의 덕을 잊음

속뜻 다른 사람이 베풀어 준 은혜를 잊고 오히려 배신함

10 ☐☐☐

小隙沈舟 소극침주 [작을 소, 틈 극, 잠길 침, 배 주]

겉뜻 조그만 틈으로 물이 새어 들어 배가 가라앉음

속뜻 작은 일을 게을리하면 큰 재앙이 닥치게 됨

Daily Quiz

다음 한자성어의 독음을 기재하시오.

01 九死一生 ▢▢▢▢▢▢▢▢

02 內憂外患 ▢▢▢▢▢▢▢▢

03 事必歸正 ▢▢▢▢▢▢▢▢

04 背恩忘德 ▢▢▢▢▢▢▢▢

05 論功行賞 ▢▢▢▢▢▢▢▢

06 花朝月夕 ▢▢▢▢▢▢▢▢

다음 한자성어의 의미를 찾아 연결하시오.

07 輾轉不寐   ㉠ 몸을 이리저리 뒤척이며 잠을 자지 못함

08 小隙沈舟   ㉡ 속은 변변치 않은데 겉만 그럴듯함

09 羊頭狗肉   ㉢ 작은 일을 게을리하면 큰 재앙이 일어나게 됨

10 群鷄一鶴   ㉣ 사람들 가운데서 가장 뛰어난 인물

★ = 3회 이상 출제된 한자성어

01 ☐☐☐

夫唱婦隨　부창부수 [지아비 부, 부를 창, 며느리 부, 따를 수]

겉뜻　남편이 노래를 부르면 아내가 따라 부름

속뜻　남편이 주장하고 아내가 이에 잘 따름. 또는 부부 사이의 그런 도리

02 ☐☐☐

樵童汲婦　초동급부 [나무할 초, 아이 동, 길을 급, 며느리 부]

겉뜻　땔나무를 하는 아이와 물을 긷는 아낙네

속뜻　평범한 사람들

03 ☐☐☐

同氣相求　동기상구 [한가지 동, 기운 기, 서로 상, 구할 구]　　◎ 同聲相應(동성상응)

겉뜻　같은 소리끼리는 서로 응하여 울림

속뜻　같은 무리끼리 서로 통하고 자연히 모임

04 ☐☐☐

同聲異俗　동성이속 [한가지 동, 소리 성, 다를 이, 풍속 속]

겉뜻　사람이 날 때는 다 같은 소리를 가지고 있으나, 자라면서 그 나라의 풍속으로 인해 서로 달라짐

속뜻　본래 사람의 성질은 서로 같으나 자라면서 환경과 교육에 따라 차이가 생김

05 ☐☐☐

★類類相從　유유상종 [무리 유, 무리 유, 서로 상, 좇을 종]　　◎ 草綠同色(초록동색)

겉뜻　같은 무리끼리 서로 좇음

속뜻　같은 무리끼리 서로 사귀고 같은 사람끼리 모임

06 ☐☐☐

孤子單身　고혈단신 [외로울 고, 외로울 혈, 홀 단, 몸 신]

겉뜻　외로운 홀몸의 신세

속뜻　피붙이가 전혀 없는 외로운 몸

07 ☐☐☐

名論卓說 **명론탁설** [이름 명, 논할 론, 높을 탁, 말씀 설]

> 겉뜻 이름난 논문이나 뛰어난 말씀
> 속뜻 훌륭하고 유명한 학설, 이론

08 ☐☐☐

搖之不動 **요지부동** [흔들 요, 갈 지, 아닐 부, 움직일 동]

> 겉뜻 흔들어 봐도 움직이지 않음
> 속뜻 어떤 자극에도 움직이지 않고 태도의 변화가 없음

09 ☐☐☐

蓋世之才 **개세지재** [덮을 개, 인간 세, 갈 지, 재주 재]

> 겉뜻 세상을 덮을 만큼의 재주
> 속뜻 세상을 뒤덮을 만큼 뛰어난 재주. 또는 그 재주를 가진 사람

10 ☐☐☐

釣而不網 **조이불망** [낚을 조, 말 이을 이, 아닐 불, 그물 망]   ⊜ 釣而不綱(조이불강)

> 겉뜻 낚시는 해도 그물로 고기를 잡지는 않음
> 속뜻 모든 일에 정도를 지키는 훌륭한 인물의 태도

Daily Quiz

다음 한자성어의 독음을 기재하시오.

01 類類相從
02 搖之不動
03 樵童汲婦
04 釣而不網
05 夫唱婦隨
06 同聲異俗

다음 한자성어의 의미를 찾아 연결하시오.

07 名論卓說   ㉠ 혈육이 전혀 없는 외로운 몸

08 蓋世之才   ㉡ 비슷한 무리끼리 통하고 자연스럽게 모임

09 同氣相求   ㉢ 세상을 덮을만한 뛰어난 재주를 가진 사람

10 孤子單身   ㉣ 훌륭하고 뛰어난 학설

정답 01 유유상종 02 요지부동 03 초동급부 04 조이불망 05 부창부수 06 동성이속 07 ㉣ 08 ㉢ 09 ㉡ 10 ㉠

★ = 3회 이상 출제된 한자성어

01 ☐☐☐

磨斧爲針　**마부위침** [갈 마, 도끼 부, 할 위, 바늘 침]

겉뜻 도끼를 갈아 바늘로 만듦

속뜻 아무리 힘든 일이라도 끊임없이 노력하고 끈기 있게 인내하면 성공하게 됨

02 ☐☐☐

★ **以心傳心**　**이심전심** [써 이, 마음 심, 전할 전, 마음 심]

겉뜻 마음으로써 마음을 전함

속뜻 마음과 마음으로 서로 뜻이 통함

03 ☐☐☐

博而不精　**박이부정** [넓을 박, 말 이을 이, 아닐 부, 정할 정]

겉뜻 널리 알지만 정밀하지는 못함

속뜻 여러 분야를 넓게 알지만 지식의 깊이는 얕음

04 ☐☐☐

修己安人　**수기안인** [닦을 수, 몸 기, 편안 안, 사람 인]

겉뜻 자신을 수양하고 사람들을 편안하게 함

속뜻 자신을 수양한 이후에 남을 다스려야 함

05 ☐☐☐

梁上君子　**양상군자** [들보 양, 윗 상, 임금 군, 아들 자]

겉뜻 들보 위의 군자

속뜻 도둑을 완곡하게 이르는 말

06 ☐☐☐

小貪大失　**소탐대실** [작을 소, 탐낼 탐, 클 대, 잃을 실]

겉뜻 작은 것을 탐하려다 큰 손실을 입음

속뜻 사소한 이익에 눈이 멀어 큰 손해를 보게 되는 어리석음

07 ☐☐☐

★同病相憐　　**동병상련** [한가지 동, 병 병, 서로 상, 불쌍히 여길 련]

겉뜻 같은 병을 앓는 사람끼리 서로 가엾게 여김

속뜻 어려운 처지에 있는 사람들끼리 서로 가엾게 여김

08 ☐☐☐

焦眉之急　　**초미지급** [탈 초, 눈썹 미, 갈 지, 급할 급]

겉뜻 눈썹에 불이 붙음

속뜻 매우 급함

09 ☐☐☐

三旬九食　　**삼순구식** [석 삼, 열흘 순, 아홉 구, 밥 식]

겉뜻 삼십 일 동안 아홉 끼니밖에 먹지 못함

속뜻 몹시 가난함

10 ☐☐☐

馬耳東風　　**마이동풍** [말 마, 귀 이, 동녘 동, 바람 풍]

겉뜻 동풍이 말의 귀를 스쳐 감

속뜻 남의 말을 귀담아듣지 않고 지나쳐 흘려버림

Daily Quiz

다음 한자성어의 독음을 기재하시오.

01 三旬九食 ＿＿＿＿＿＿　　**02** 修己安人 ＿＿＿＿＿＿

03 磨斧爲針 ＿＿＿＿＿＿　　**04** 以心傳心 ＿＿＿＿＿＿

05 梁上君子 ＿＿＿＿＿＿　　**06** 博而不精 ＿＿＿＿＿＿

다음 한자성어의 의미를 찾아 연결하시오.

07 焦眉之急　　　　　　　　　ㄱ 사소한 이익을 중시하여 큰 손해를 입음

08 小貪大失　　　　　　　　　ㄴ 엄청 급함

09 同病相憐　　　　　　　　　ㄷ 남의 말을 듣지 않고 흘려버림

10 馬耳東風　　　　　　　　　ㄹ 어려운 상황에 있는 사람끼리 서로를 불쌍하게 여김

정답 01 삼순구식 02 수기안인 03 마부위침 04 이심전심 05 양상군자 06 박이부정 07 ㄴ 08 ㄱ 09 ㄹ 10 ㄷ

DAY 25

■ 1 회독　■ 2 회독　■ 3 회독

★ = 3회 이상 출제된 한자성어

01 ☐☐☐

他山之石　타산지석 [다를 타, 메 산, 갈 지, 돌 석]

겉뜻 다른 산의 나쁜 돌이라도 자신의 산의 옥돌을 가는 데에 쓸 수 있음

속뜻 본이 되지 않은 남의 말이나 행동도 자신의 지식과 인격을 수양하는 데에 도움이 될 수 있음

02 ☐☐☐

★自家撞着　자가당착 [스스로 자, 집 가, 칠 당, 붙을 착]

● 矛盾撞着(모순당착)
● 自己矛盾(자기모순)

겉뜻 스스로 부딪치기도 하며, 또는 붙기도 함

속뜻 같은 사람의 말이나 행동이 앞뒤가 서로 맞지 않고 모순됨

03 ☐☐☐

★雪上加霜　설상가상 [눈 설, 윗 상, 더할 가, 서리 상]

겉뜻 눈 위에 서리가 덮임

속뜻 난처한 일이나 불행한 일이 잇따라 일어남

04 ☐☐☐

★巧言令色　교언영색 [공교할 교, 말씀 언, 하여금 영, 빛 색]

겉뜻 교묘하게 꾸민 말과 아첨하는 낯빛

속뜻 아첨하는 말과 알랑거리는 태도

05 ☐☐☐

汗牛充棟　한우충동 [땀 한, 소 우, 채울 충, 마룻대 동]

겉뜻 짐으로 실으면 소가 땀을 흘리고, 쌓으면 들보에까지 참

속뜻 가지고 있는 책이 매우 많음

06 ☐☐☐

白骨難忘　백골난망 [흰 백, 뼈 골, 어려울 난, 잊을 망]

겉뜻 죽어서 백골이 되어도 잊을 수 없음

속뜻 다른 사람이 베풀어 준 은혜를 죽더라도 잊지 않음

07 ☐☐☐

束手無策　속수무책 [묶을 속, 손 수, 없을 무, 꾀 책]

겉뜻 손을 묶은 것처럼 어찌할 계책이 없음

속뜻 어찌할 방책을 낼 수 없는 답답한 상황

08 ☐☐☐

雀學鸛步　작학관보 [참새 작, 배울 학, 황새 관, 걸음 보]

겉뜻 참새가 황새의 걸음을 배움

속뜻 자기의 역량은 생각하지 않고 억지로 남을 모방함

09 ☐☐☐

同價紅裳　동가홍상 [한가지 동, 값 가, 붉을 홍, 치마 상]

겉뜻 같은 값이면 다홍치마

속뜻 같은 조건이라면 더 좋은 쪽을 택함

10 ☐☐☐

口腹之計　구복지계 [입 구, 배 복, 갈 지, 셀 계]

◎ 口食之計(구식지계)

겉뜻 입과 배를 채울 꾀

속뜻 먹고살 계책이나 방법

Daily Quiz

다음 한자성어의 독음을 기재하시오.

01 雀學鸛步 _____　　02 白骨難忘 _____

03 他山之石 _____　　04 巧言令色 _____

05 口腹之計 _____　　06 雪上加霜 _____

다음 한자성어의 의미를 찾아 연결하시오.

07 同價紅裳　　　　　　　㉠ 책을 많이 가지고 있음

08 自家撞着　　　　　　　㉡ 동일한 조건이라면 더 좋은 것을 선택함

09 束手無策　　　　　　　㉢ 언행의 앞뒤가 맞지 않고 모순됨

10 汗牛充棟　　　　　　　㉣ 어찌할 도리가 없는 답답한 상황

정답 01 작학관보 02 백골난망 03 타산지석 04 교언영색 05 구복지계 06 설상가상 07 ㉡ 08 ㉢ 09 ㉣ 10 ㉠

★ = 3회 이상 출제된 한자성어

01 ☐☐☐

粉骨碎身

분골쇄신 [가루 분, 뼈 골, 부술 쇄, 몸 신]

> 겉뜻 뼈를 가루로 만들고 몸을 부숨
> 속뜻 ① 정성으로 노력함
> 　　 ② 참혹하게 죽음

02 ☐☐☐

骨肉相爭

골육상쟁 [뼈 골, 고기 육, 서로 상, 다툴 쟁]

> 겉뜻 뼈와 살의 다툼
> 속뜻 가까운 혈족끼리 서로 싸움

03 ☐☐☐

三顧草廬

삼고초려 [석 삼, 돌아볼 고, 풀 초, 농막집 려]

> 겉뜻 오두막에 세 번 찾아감
> 속뜻 인재를 맞아들이기 위하여 참을성 있게 노력함

04 ☐☐☐

風前燈火

풍전등화 [바람 풍, 앞 전, 등 등, 불 화]

> 겉뜻 바람 앞의 등불
> 속뜻 ① 사물이 매우 위태로운 처지에 놓여 있음
> 　　 ② 사물이 덧없음

05 ☐☐☐

塗炭之苦

도탄지고 [칠할 도, 숯 탄, 갈 지, 쓸 고]

> 겉뜻 진구렁에 빠지고 숯불에 타는 괴로움
> 속뜻 가혹한 정치로 인해 백성이 겪는 고통

06 ☐☐☐

鷄鳴狗盜

계명구도 [닭 계, 울 명, 개 구, 도둑 도]

> 겉뜻 닭의 울음소리를 잘 흉내 내는 사람과 개의 모습을 잘 흉내 내는 좀도둑
> 속뜻 비굴하게 남을 속이는 하찮은 재주 또는 그런 재주를 가진 사람

07 ☐☐☐

★ 是是非非 **시시비비** [옳을 시, 옳을 시, 아닐 비, 아닐 비]

겉뜻 옳은 것은 옳고 틀린 것은 틀리다고 함

속뜻 ① 여러 가지의 잘잘못
② 옳고 그름을 따지며 다툼

08 ☐☐☐

★ 鯨戰蝦死 **경전하사** [고래 경, 싸움 전, 새우 하, 죽을 사]

겉뜻 고래 싸움에 새우 등이 터짐

속뜻 강한 자끼리 서로 싸우는 통에 아무 상관도 없는 약한 자가 해를 입음

09 ☐☐☐

孤立無援 **고립무원** [외로울 고, 설 립, 없을 무, 도울 원]

겉뜻 홀로 있어 도움을 받을 곳이 없음

속뜻 외로운 상태, 외톨이가 되어 도움을 받지 못하는 상태

10 ☐☐☐

膠柱鼓瑟 **교주고슬** [아교 교, 기둥 주, 북 고, 큰 거문고 슬]

겉뜻 아교풀로 거문고나 비파의 기러기발을 붙여 놓더라도 음조를 바꾸지는 못함

속뜻 사람이 고지식하여 조금의 융통성도 없음

Daily Quiz

다음 한자성어의 독음을 기재하시오.

01 孤立無援 ▭▭▭▭▭

02 塗炭之苦 ▭▭▭▭▭

03 是是非非 ▭▭▭▭▭

04 三顧草廬 ▭▭▭▭▭

05 骨肉相爭 ▭▭▭▭▭

06 鯨戰蝦死 ▭▭▭▭▭

다음 한자성어의 의미를 찾아 연결하시오.

07 鷄鳴狗盜   ㉠ 매우 위태로운 처지에 있음

08 風前燈火   ㉡ 남을 속이는 하찮은 재주를 가진 사람

09 膠柱鼓瑟   ㉢ 온갖 힘을 다해 노력함

10 粉骨碎身   ㉣ 조금도 융통성이 없고 고지식함

정답 01 고립무원 02 도탄지고 03 시시비비 04 삼고초려 05 골육상쟁 06 경전하사 07 ㉡ 08 ㉠ 09 ㉣ 10 ㉢

★ = 3회 이상 출제된 한자성어

01 ☐☐☐

錦上添花　금상첨화 [비단 금, 윗 상, 더할 첨, 꽃 화]

[겉뜻] 비단 위에 꽃을 더함
[속뜻] 좋은 일 위에 또 좋은 일이 더하여짐

02 ☐☐☐

多岐亡羊　다기망양 [많을 다, 갈림길 기, 망할 망, 양 양]

[겉뜻] 갈림길이 많아 잃은 양을 찾지 못함
[속뜻] ① 전공하는 바가 없이 두루 섭렵하기만 하여 성취하는 것이 없음
　　　② 방침이 많아서 도리어 갈 바를 모름

03 ☐☐☐

尸位素餐　시위소찬 [주검 시, 자리 위, 본디 소, 밥 찬]

[겉뜻] 제사 때 신 대신 앉은 아이가 먹는 공짜 밥
[속뜻] 공로나 재덕 없이 자리만 차지하며 녹을 받아먹음

04 ☐☐☐

流芳百世　유방백세 [흐를 유, 꽃다울 방, 일백 백, 인간 세]

[겉뜻] 향이 백 대에 걸쳐 흐름
[속뜻] 꽃다운 이름이 후세에 길이 전해짐

05 ☐☐☐

千載一遇　천재일우 [일천 천, 실을 재, 한 일, 만날 우]

[겉뜻] 천 년 간 한 번 만남
[속뜻] 만나기 힘든 좋은 기회

06 ☐☐☐

夏爐冬扇　하로동선 [여름 하, 화로 로, 겨울 동, 부채 선]

[겉뜻] 여름의 화로, 겨울의 부채
[속뜻] 철에 맞지 않거나 격에 맞지 않음

07 ☐☐☐

敝衣破冠

폐의파관 [해질 폐, 옷 의, 깨뜨릴 파, 갓 관]

⊜ 敝袍破笠(폐포파립)

겉뜻 해진 옷과 부서진 갓

속뜻 초라한 차림새

08 ☐☐☐

權不十年

권불십년 [권세 권, 아닐 불, 열 십, 해 년]

겉뜻 권력이 10년을 가지 못함

속뜻 아무리 높은 권세라도 오래가지 못함

09 ☐☐☐

輾轉反側

전전반측 [돌아누울 전, 구를 전, 돌이킬 반, 곁 측]

겉뜻 이쪽저쪽으로 뒤척임

속뜻 누워서 몸을 뒤척이며 잠을 이루지 못함

10 ☐☐☐

雪中松柏

설중송백 [눈 설, 가운데 중, 소나무 송, 측백 백]

겉뜻 눈 속 소나무와 잣나무

속뜻 높고 굳은 절개

Daily Quiz

다음 한자성어의 독음을 기재하시오.

01 輾轉反側 _____

02 錦上添花 _____

03 多岐亡羊 _____

04 流芳百世 _____

05 敝衣破冠 _____

06 千載一遇 _____

다음 한자성어의 의미를 찾아 연결하시오.

07 權不十年 　　　　　　ㄱ 철에 맞지 않음

08 尸位素餐 　　　　　　ㄴ 굳은 절개

09 雪中松柏 　　　　　　ㄷ 직책을 다하지 못하면서 녹만 받아먹음

10 夏爐冬扇 　　　　　　ㄹ 높은 권력도 오래가지 못함

★ = 3회 이상 출제된 한자성어

01 ☐☐☐

滄海一粟 **창해일속** [큰 바다 **창**, 바다 **해**, 한 **일**, 조 **속**]

겉뜻 큰 바다의 좁쌀 한 톨
속뜻 ① 매우 작거나 보잘것없는 존재
② 인간 존재의 허무함

02 ☐☐☐

斷機之戒 **단기지계** [끊을 **단**, 틀 **기**, 갈 **지**, 경계할 **계**]

겉뜻 베를 끊으며 훈계함
속뜻 학업을 중간에 그만두는 것은 짜던 베를 끊는 것처럼 아무런 이익이 없음

03 ☐☐☐

芝蘭之交 **지란지교** [지초 **지**, 난초 **란**, 갈 **지**, 사귈 **교**]

겉뜻 지초와 난초의 교제
속뜻 맑고 고귀한 벗 사이의 사귐

04 ☐☐☐

前虎後狼 **전호후랑** [앞 **전**, 범 **호**, 뒤 **후**, 이리 **랑**]

겉뜻 앞문으로 들어오는 호랑이를 막고 있는데 뒷문으로 이리가 들어옴
속뜻 재앙이 끊임없이 찾아옴

05 ☐☐☐

臨時方便 **임시방편** [임할 **임**, 때 **시**, 모 **방**, 편할 **편**]

겉뜻 갑자기 터진 일을 그때의 사정에 따라 간단히 둘러맞춰 처리함
속뜻 일시적, 순간적 상황에 맞춰 일을 융통성 있게 처리함

06 ☐☐☐

漸入佳境 **점입가경** [점점 **점**, 들 **입**, 아름다울 **가**, 지경 **경**]

겉뜻 갈수록 더해짐
속뜻 ① 들어갈수록 점점 재미가 있음
② 시간이 지날수록 하는 짓이나 몰골이 더욱 꼴불견임

07 □□□

招搖過市

초요과시 [부를 초, 흔들 요, 지날 과, 저자 시]

겉뜻 요란스럽게 부르고, '패옥'을 흔들며 저작거리를 지나감
속뜻 허풍을 떨며 자신을 드러내 남들의 주의를 끔

08 □□□

衣錦夜行

의금야행 [옷 의, 비단 금, 밤 야, 다닐 행]

겉뜻 비단옷을 입고 밤에 다님
속뜻 ① 출세를 고향에 알리지 않음
　　② 보람 없는 일을 함

09 □□□

反面教師

반면교사 [돌이킬 반, 낯 면, 가르칠 교, 스승 사]

겉뜻 극히 나쁜 면만을 가르쳐 주는 선생
속뜻 사람이나 사물의 부정적인 면에서 깨달음이나 가르침을 주는 대상

10 □□□

言語道斷

언어도단 [말씀 언, 말씀 어, 길 도, 끊을 단]

겉뜻 말을 하는 길이 끊김
속뜻 어이가 없어 말도 나오지 않음

Daily Quiz

다음 한자성어의 독음을 기재하시오.

01 言語道斷 _____　　02 臨時方便 _____

03 招搖過市 _____　　04 衣錦夜行 _____

05 反面教師 _____　　06 漸入佳境 _____

다음 한자성어의 의미를 찾아 연결하시오.

07 芝蘭之交　　　　　㉠ 나쁜 일이 계속 찾아옴

08 滄海一粟　　　　　㉡ 보잘것없는 매우 작은 존재

09 斷機之戒　　　　　㉢ 중간에 학업을 그만두는 것은 아무런 이득이 없음

10 前虎後狼　　　　　㉣ 벗 사이의 고귀한 사귐

정답 01 언어도단 02 임시방편 03 초요과시 04 의금야행 05 반면교사 06 점입가경 07 ㉣ 08 ㉡ 09 ㉢ 10 ㉠

01 ☐☐☐

街談巷說　가담항설 [거리 가, 말씀 담, 거리 항, 말씀 설]

겉뜻 거리에서의 이야기

속뜻 길거리나 항간에 떠도는 소문

02 ☐☐☐

各自圖生　각자도생 [각각 각, 스스로 자, 그림 도, 날 생]

겉뜻 스스로 살아갈 그림(계획)

속뜻 각자 스스로 살 방법을 꾀함

03 ☐☐☐

甲論乙駁　갑론을박 [갑옷 갑, 논할 론, 새 을, 논박할 박]

겉뜻 갑이 논하면 을은 이를 논박함

속뜻 여러 사람이 서로 각자의 주장을 내세우며 상대편의 주장을 반박함

04 ☐☐☐

苦肉之策　고육지책 [쓸 고, 고기 육, 갈 지, 꾀 책]

겉뜻 자기 몸을 상해 가면서까지 꾸며 내는 방책

속뜻 어려운 상황에서 벗어나기 위해 어쩔 수 없이 꾸며 내는 계책

05 ☐☐☐

九牛一毛　구우일모 [아홉 구, 소 우, 한 일, 터럭 모]

겉뜻 아홉 마리의 소 가운데 박힌 하나의 털

속뜻 많은 것 중에 극히 적은 수

06 ☐☐☐

首鼠兩端　수서양단 [머리 수, 쥐 서, 두 양, 끝 단]

겉뜻 구멍에서 머리를 내밀고 나갈까 말까 망설이는 쥐

속뜻 머뭇거리며 진퇴나 거취를 정하지 못하는 상태

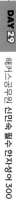

07 ☐☐☐

菽麥不辨 숙맥불변 [콩 숙, 보리 맥, 아닐 불, 분별할 변]

> 겉뜻 콩과 보리를 구분하지 못함
> 속뜻 세상 물정을 잘 모르고 사리 분별을 못함

08 ☐☐☐

語不成說 어불성설 [말씀 어, 아닐 불, 이룰 성, 말씀 설]

> 겉뜻 말이 말로 이뤄지지 못함
> 속뜻 말이 조금도 사리에 맞지 않음

09 ☐☐☐

有口無言 유구무언 [있을 유, 입 구, 없을 무, 말씀 언]

> 겉뜻 입은 있어도 말은 없음
> 속뜻 변명할 말이 없거나 변명을 못함

10 ☐☐☐

頂門一鍼 정문일침 [정수리 정, 문 문, 한 일, 침 침]

> 겉뜻 정수리에 침을 놓음
> 속뜻 따끔한 충고 또는 교훈

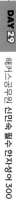

해커스공무원 신민숙 필수 한자성어 300

Daily Quiz

다음 한자성어의 독음을 기재하시오.

01 首鼠兩端

02 街談巷說

03 有口無言

04 苦肉之策

05 各自圖生

06 語不成說

다음 한자성어의 의미를 찾아 연결하시오.

07 九牛一毛   ⑦ 서로 각자 주장을 말하며 상대편 주장을 반박함

08 頂門一鍼   ⓒ 매우 많은 것 중에 아주 적은 수

09 甲論乙駁   ⓒ 사리를 분별하지 못하고 세상 물정을 모름

10 菽麥不辨   ⓔ 따끔한 교훈

정답 01 수서양단 02 가담항설 03 유구무언 04 고육지책 05 각자도생 06 어불성설 07 ⓒ 08 ⓔ 09 ⑦ 10 ⓒ

01 ☐☐☐

鷄卵有骨

계란유골 [닭 계, 알 란, 있을 유, 뼈 골]

겉뜻 달걀에도 뼈가 있음

속뜻 운수가 나쁜 사람은 모처럼 좋은 기회를 만나도 역시 일이 잘 안됨

02 ☐☐☐

聞一知十

문일지십 [들을 문, 한 일, 알 지, 열 십]

겉뜻 하나를 듣고 열 가지를 미루어 앎

속뜻 아주 총명함

03 ☐☐☐

居安思危

거안사위 [살 거, 편안 안, 생각 사, 위태할 위]

겉뜻 편안하게 살 때에도 위기를 생각함

속뜻 평안할 때에도 위험이 닥칠 것을 생각하며 미리 준비해야 함

04 ☐☐☐

燈火可親

등화가친 [등 등, 불 화, 옳을 가, 친할 친]

겉뜻 등불을 가까이할 만함

속뜻 서늘한 가을밤은 등불을 가까이 하여 글을 읽기에 좋음

05 ☐☐☐

有備無患

유비무환 [있을 유, 갖출 비, 없을 무, 근심 환]

겉뜻 평소에 갖추고 있으면 근심이 없음

속뜻 미리 준비해 놓으면 걱정할 것이 없음

06 ☐☐☐

因果應報

인과응보 [인할 인, 실과 과, 응할 응, 갚을 보]

겉뜻 원인과 결과는 서로 물고, 서로에게 물림

속뜻 ① 과거나 전생의 행적에 따라 훗날의 길흉화복의 갚음을 받게 됨
　　② 좋은 일엔 좋은 결과가 따르고 나쁜 일엔 나쁜 결과가 따름

07 ☐☐☐

堂狗風月 **당구풍월** [집 당, 개 구, 바람 풍, 달 월]

겉뜻 서당에서 기르는 개가 풍월을 읊음

속뜻 그 분야에 대하여 경험과 지식이 전혀 없는 사람이라도 오래 있으면 얼마간의 경험과 지식을 가짐

08 ☐☐☐

猫頭懸鈴 **묘두현령** [고양이 묘, 머리 두, 달 현, 방울 령]

겉뜻 쥐가 고양이 목에 방울을 닮

속뜻 실행할 수 없는 헛된 논의

09 ☐☐☐

誰怨誰咎 **수원수구** [누구 수, 원망할 원, 누구 수, 허물 구]   ● 誰怨孰尤(수원숙우)

겉뜻 누구를 원망하고 누구를 탓하겠냐

속뜻 타인을 원망하거나 탓할 것이 없음

10 ☐☐☐

豪言壯談 **호언장담** [호걸 호, 말씀 언, 장할 장, 말씀 담]

겉뜻 자신 있게 말함

속뜻 자신 있고 호기롭게 말함

Daily Quiz

다음 한자성어의 독음을 기재하시오.

01 燈火可親 _____ 02 猫頭懸鈴 _____

03 堂狗風月 _____ 04 因果應報 _____

05 豪言壯談 _____ 06 居安思危 _____

다음 한자성어의 의미를 찾아 연결하시오.

07 有備無患   ㉠ 미리 대비하면 걱정할 것이 없음

08 誰怨誰咎   ㉡ 운이 나쁜 사람은 좋은 기회를 만나도 일이 잘 안됨

09 聞一知十   ㉢ 남을 탓하거나 원망할 것이 없음

10 鷄卵有骨   ㉣ 아주 영리함

정답 01 등화가친 02 묘두현령 03 당구풍월 04 인과응보 05 호언장담 06 거안사위 07 ㉠ 08 ㉢ 09 ㉣ 10 ㉡

실전 문제 ③ (DAY 21~30)

01 다음 글에서 (   )에 들어갈 말로 가장 적절한 것은? 20. 경찰직 2차

> 동양의 유토피아는 몇 가지 유형으로 나뉜다. (   ) 유형 유토피아는 중국의 시인 도연명 (陶淵明)의 소설체 산문 '도화원기'에 등장한다. 무릉 땅에 사는 어부가 강물을 따라 산으로 들어갔는데 복숭아꽃이 만발한 곳을 지나자 산의 막다른 곳에서 동굴이 나타났다. 동굴을 통과하니 별천지가 전개되고 모두가 행복하게 살아가는 마을이 나타났다. 어부는 그들로부터 환대를 받았다. 집으로 돌아가야 할 때 그는 나중에 다시 찾아갈 생각으로 산길에 표시를 해 놓았다. 그러나 다시 살펴보니 표식이 모두 없어져 결국 (   )으로 돌아갈 수 없게 되었다는 것이다.

① 安分知足   ② 簞瓢陋巷   ③ 武陵桃源   ④ 風月主人

02 사자성어의 풀이로 알맞은 것은? 12. 지방직 7급

① 見蚊拔劍: 비록 사소한 상대라도 최선을 다해야 함을 이르는 말
② 肝膽相照: 이웃에 살면서 서로 불화하고 시기함을 이르는 말
③ 中原逐鹿: 대업(大業)을 이루기 위해 자신의 이익을 포기함을 이르는 말
④ 羊頭狗肉: 훌륭해 보이는 겉과는 달리 속은 변변찮음을 이르는 말

03 서로 의미가 유사한 속담과 한자성어를 짝지은 것이다. 관련이 없는 것끼리 묶은 것은? 19. 서울시 9급

① 원님 덕에 나팔 분다 - 狐假虎威
② 소 잃고 외양간 고친다 - 晚時之歎
③ 언 발에 오줌 누기 - 雪上加霜
④ 낫 놓고 기억자도 모른다 - 目不識丁

04 다음 중 '불법(佛法)에 귀의한 사람들'이라는 의미를 가진 사자성어는? 15. 서울시 7급

① 匹未匹婦　　　② 樵童汲婦　　　③ 夫唱婦隨　　　④ 善男善女

05 다음 한자성어와 의미의 연결이 잘못된 것은?

① 焦眉之急 - 매우 급함을 이르는 말
② 三顧草廬 - 인재를 맞아들이기 위하여 수단과 방법을 사용함
③ 夏爐冬扇 - 격이나 철에 맞지 아니함을 이르는 말
④ 以心傳心 - 마음과 마음으로 서로 뜻이 통함

06 ㉠~㉢에 들어갈 한자성어를 순서대로 바르게 연결한 것은? 16. 국가직 7급

- 그는 고집이 어찌나 센지 한번 결심하면 (㉠)이다.
- '고래 싸움에 새우 등 터진다.'라는 속담은 (㉡)와 일맥상통하는 말이다.
- 아무리 (㉢)한 인물이라도 좋은 동료를 만나지 못하면 성공하기 힘들다.

	㉠	㉡	㉢
①	搖之不動	間於齊楚	蓋世之才
②	搖之不動	看於齊楚	改世之才
③	擾之不動	間於齊楚	改世之才
④	擾之不動	看於齊楚	蓋世之才

07 다음 한자성어와 의미의 연결이 잘못된 것은?

① 鯨戰蝦死 - 강한 자끼리 서로 싸우는 통에 아무 상관도 없는 약한 자가 해를 입음

② 孤子單身 - 피붙이가 전혀 없는 외로운 몸

③ 同價紅裳 - 동일한 조건이라도 더 좋지 않은 것을 택함

④ 滄海一粟 - 아주 많거나 넓은 것 가운데 있는 매우 하찮고 작은 것

08 다음 글의 등장인물의 삶의 태도로 가장 적절한 것은?　　　　　　　　　　18. 국회직 9급

> 박생은 눈을 떠서 주위를 바라보았다. 책은 책상 위에 던져져 있고, 등잔의 불꽃은 가물거리고 있다. 박생은 한참동안 감격하기도 하고 의아해 하기도 하였다. 그러다가 스스로 생각하기를, 이 제 곧 죽으려나보다 하였다. 그래서 그는 날마다 집안일을 정리하는 데 몰두하였다. 몇 달 뒤에 박생은 병을 얻었다. 그는 스스로, 필경 다시는 일어나지 못하리라는 것을 알았다. 박생은 의사와 무당을 사절하고 세상을 떠났다. 박생이 세상을 떠나려 하던 날 저녁이었다. 근처 이웃 사람들의 꿈에 신인이 나타나서는 이렇게 알렸다. "너의 이웃집 아무개 씨는 장차 염라왕이 될 것이다."

① 안빈낙도(安貧樂道)

② 방약무인(傍若無人)

③ 살신성인(殺身成仁)

④ 생기사귀(生寄死歸)

⑤ 조이불망(釣而不網)

09 한자성어와 속담이 알맞게 연결되지 않은 것은?　　　　　　　　　　11. 지방직 7급

① 감탄고토(甘呑苦吐) - 달면 삼키고 쓰면 뱉는다.

② 부화뇌동(附和雷同) - 망둥이가 뛰면 꼴뚜기도 뛴다.

③ 연목구어(緣木求魚) - 김칫국부터 마신다.

④ 아전인수(我田引水) - 제 논에 물 대기

10 밑줄 친 한자성어의 쓰임이 바르지 않은 것은?   14. 국회직 9급

① 아무리 형제 사이가 견토지쟁(犬兎之爭)이라 해도 혈육이기에 서로 도와주지 않을 수 없을 것이다.

② 그는 피나는 노력의 결과 기타 연주 실력이 괄목상대(刮目相對)했다.

③ 시대가 변하고 있음에도 불구하고 그는 각주구검(刻舟求劍)과 같은 태도를 지니고 있다.

④ 그는 제 딴에는 집안의 가난을 절치부심(切齒腐心)한 모양이다.

⑤ 정책을 추진함에 있어서 다기망양(多岐亡羊)의 우를 범해서는 안 된다.

11 다음 한자성어와 의미의 연결이 잘못된 것은?

① 頂門一鍼 - 따뜻한 칭찬 또는 교훈을 이르는 말

② 電光石火 - 매우 짧은 시간이나 매우 재빠른 움직임 등을 비유적으로 이르는 말

③ 日就月將 - 나날이 그리고 다달이 자라거나 발전함

④ 以夷制夷 - 한 세력을 이용하여 다른 세력을 제어함을 이르는 말

12 다음 내용과 관계있는 한자성어로 가장 거리가 먼 것은?   20. 군무원 9급

> 선비는 단순한 지식 습득에 목적을 두지 않고 아는 것을 실천하는 것에 중점을 두고 있다. 또한 선비는 개인의 이익보다 사회 정의를 생각하며 행동하고 살아간다. 자신의 인격을 완성하고 그 것을 통해 모든 사람에게 평안한 삶을 살게 하는 것이 그들의 궁극적 목적이다. 선비가 갖추어야 할 덕목은 많지만 상호 연결되어 있다. 자신을 낮추는 자세, 타인을 존중하는 마음, 검소하고 청 렴결백한 삶 등이 하나로 연결되어 있는 것이다.

① 見利思義   ② 勞謙君子   ③ 修己安人   ④ 梁上君子

13 밑줄 친 한자성어의 쓰임이 옳지 않은 것은? 　14. 국가직 9급

① 황제는 논공행상(論功行賞)을 통해 그의 신하를 벌하였다.

② 그들은 산야를 떠돌며 초근목피(草根木皮)로 목숨을 이어 나갔다.

③ 부모를 반포지효(反哺之孝)로 모시는 것은 자식의 마땅한 도리이다.

④ 오늘의 영광은 각고면려(刻苦勉勵)의 결과이다.

14 한자성어의 사용이 적절하지 않은 것은? 　10. 국가직 7급

① 사건 당일의 행적을 묻는 경찰관에게 용의자가 한 대답은 癡人說夢에 가까웠다.

② 그 사람은 학식이 뛰어난 데다 不恥下問하는 자세를 가지고 있으니 학자로서 크게 성공할 것이다.

③ 정후는 문제의 핵심을 꿰뚫어보는 능력이 뛰어나 千載一遇라는 칭찬이 아깝지 않다.

④ 우리는 며칠 전 한 모임에서 처음 만났을 뿐이지만 마음이 잘 맞아서 傾蓋如舊한 사이가 되었다.

15 다음 한자성어와 의미의 연결이 잘못된 것은?

① 街談巷說 - 특정 무리에 가담하여, 뒷담화를 함

② 各自圖生 - 제각기 살아 나갈 방법을 꾀함

③ 甲論乙駁 - 여러 사람이 서로 각자의 주장을 내세우며 상대편의 주장을 반박함

④ 蓋棺事定 - 사람이 죽은 후에야 비로소 그 사람에 대한 평가를 제대로 할 수 있음

16 다음은 한자성어이다. 괄호 안에 들어갈 한자가 모두 바르게 된 것은?   13. 지방직 7급

- 進退維(   )
- 送(   )迎新
- 目不(   )見
- (   )故知新

① 容, 旭, 引, 溫　　② 谷, 舊, 忍, 溫　　③ 谷, 荒, 仁, 顯　　④ 俗, 舊, 仁, 瘟

17 밑줄 친 사자성어의 쓰임이 적절하지 않은 것은?   15. 국가직 9급

① 그는 결단력이 없어 좌고우면(左顧右眄)하다가 적절한 대응 시기를 놓쳐 버렸다.

② 다수의 기업이 새로운 투자보다 변화에 대한 암중모색(暗中摸索)을 시도하고 있다.

③ 그 친구는 침소봉대(針小棒大)하는 경향이 있어서 하는 말을 곧이곧대로 믿기 어렵다.

④ 그 사람이 경제적으로 매우 어려운 상황에서 성공한 것은 연목구어(緣木求魚)나 마찬가지이다.

18 다음의 상황에 어울리는 한자성어로 가장 적절한 것은?   16. 국가직 9급

김만중의 '사씨남정기'에서 사씨는 교씨의 모함을 받아 집에서 쫓겨난다. 사악한 교씨는 문객인 동청과 작당하여 남편인 유한림마저 모함한다. 그러나 결국은 교씨의 사악함이 만천하에 드러나고 유한림이 유배지에서 돌아오자 교씨는 처형되고 사씨는 누명을 벗고 다시 집으로 돌아오게 된다.

① 교언영색(巧言令色)

② 절치부심(切齒腐心)

③ 만시지탄(晩時之歎)

④ 사필귀정(事必歸正)

해커스공무원 ·공무원인강
gosi.Hackers.com

해커스공무원 **신민숙 필수 한자성어 300**

정답 및 해설

정답 한눈에 보기

01 ②	02 ②	03 ②	04 ②	05 ③	06 ②	07 ③	08 ①	09 ③
10 ②	11 ②	12 ②	13 ③	14 ②	15 ③	16 ④	17 ②	18 ③

---

01 ②

정답 해설
② 제시문은 A사가 최근 출시한 신제품의 성공으로 B사에게 내주었던 업계 1위 자리를 되찾은 상황을 설명하고 있다. 따라서 A사의 상황에 적절한 한자성어는 ② 捲土重來(권토중래)이다.
- 捲土重來(권토중래): '땅을 말아 일으킬 것 같은 기세로 다시 온다'라는 뜻으로, 1. 한 번 실패하였으나 힘을 회복하여 다시 쳐들어옴 2. 어떤 일에 실패한 뒤에 힘을 가다듬어 다시 그 일에 착수함

오답 분석
① 兎死狗烹(토사구팽): 필요할 때는 쓰고 필요 없을 때는 야박하게 버리는 경우
③ 手不釋卷(수불석권): 손에서 책을 놓지 않고 늘 글을 읽음
④ 我田引水(아전인수): 자기에게만 이롭게 되도록 생각하거나 행동함

---

02 ②

오답 분석
① 捨生取義(사생취의): 목숨을 버릴지언정 옳은 일을 함
③ 我田引水(아전인수): 자기에게 이롭도록 생각하거나 행동함
④ 暗中摸索(암중모색): 1. 어림으로 무엇을 알아내려 함 2. 은밀한 가운데 일의 실마리나 해결책을 찾아내려 함

---

03 ②

정답 해설
② 방약무인(傍若無人)은 곁에 사람이 없는 것처럼 아무 거리낌 없이 함부로 말하고 행동하는 태도가 있음을 뜻하는 말이기 때문에 '어떤 약으로도 치료할 수 없는 상태'와는 어울리지 않는다. 따라서 한자성어의 뜻풀이로 옳지 않은 것은 ② 방약무인(傍若無人)이다.
- 방약무인(傍若無人): 곁에 사람이 없는 것처럼 아무 거리낌 없이 함부로 말하고 행동하는 태도가 있음

오답 분석
① 결초보은(結草報恩): 죽은 뒤에라도 은혜를 잊지 않고 갚음
③ 절치부심(切齒腐心): 몹시 분하여 이를 갈며 속을 썩임
④ 점입가경(漸入佳境): 1. 들어갈수록 점점 재미가 있음 2. 시간이 지날수록 하는 짓이나 몰골이 더욱 꼴불견임

---

04 ②

정답 해설
② 口如懸河(구여현하)는 말을 막힘없이 잘함을 뜻하고, 口尙乳臭(구상유취)는 말과 행동이 유치함을 뜻하는 말이다. 따라서 서로 의미가 유사하지 않은 것은 ②이다.
- 口如懸河(구여현하): '입이 빠르게 흐르는 물과 같다'라는 뜻으로, 말을 막힘없이 잘하는 모습
- 口尙乳臭(구상유취): '입에서 아직 젖내가 난다'라는 뜻으로, 말이나 행동이 유치함

오답 분석
① ・同病相憐(동병상련): 어려운 처지에 있는 사람끼리 서로 가엾게 여김
・兩寡分悲(양과분비): 같은 처지에 있는 사람끼리 서로 동정함

③ ・ 衣錦夜行(의금야행): 모처럼 성공하였으나 남에게 알려지지 않음
　　・ 夜行被繡(야행피수): 공명이 세상에 알려지지 않아 아무 보람도 없음
④ ・ 望雲之情(망운지정): 자식이 객지에서 고향에 계신 어버이를 생각하는 마음
　　・ 白雲孤飛(백운고비): 자식이 객지에서 고향에 계신 어버이를 생각하는 마음

---

05 ③

**정답
해설**　③ 走馬看山(주마간산): '말을 타고 달리며 산천을 구경한다'라는 뜻으로, 꼼꼼하게 살펴보지 않고 대충대충 보고 지나감

---

06 ②

**정답
해설**　② 고진감래(苦盡甘來)는 '쓴 것이 다하면 단 것이 온다'라는 뜻으로, 고생 끝에 즐거움이 옴을 이르는 말이다. 이에 알맞은 속담은 '고생 끝에 낙이 온다'이다. 따라서 연결이 옳지 않은 것은 ②이다.
　　・ 달면 삼키고 쓰면 뱉는다: 옳고 그름이나 신의를 돌보지 않고 자기의 이익만 꾀함
　　・ 고진감래: '쓴 것이 다하면 단 것이 온다'라는 뜻으로, 고생 끝에 즐거움이 옴

**오답
분석**　① ・ 도랑치고 가재 잡고: 한 가지 일로 두 가지 이익을 보는 경우
　　・ 일거양득(一擧兩得): 한 가지 일을 하여 두 가지 이익을 얻음
③ ・ 낫 놓고 기역 자도 모른다: 아주 무식함
　　・ 목불식정(目不識丁): 아주 까막눈임
④ ・ 같은 값이면 다홍치마: 값이 같거나 같은 노력을 한다면 품질이 좋은 것을 택함
　　・ 동가홍상(同價紅裳): 같은 값이면 좋은 물건을 가짐
⑤ ・ 원님 덕에 나팔 분다: 남의 덕으로 당치도 않은 행세를 하게 되거나 그런 대접을 받고 우쭐대는 모양
　　・ 호가호위(狐假虎威): 남의 권세를 빌려 위세를 부림

---

07 ③

**정답
해설**　③ 밑줄 친 부분은 하던 일을 중도에 그만둘 수 없다고 말하고 있다. 따라서 '호랑이를 타고 달리는 형세'라는 뜻으로, 이미 시작한 일을 중도에서 그만둘 수 없는 경우를 의미하는 ③ 기호지세(騎虎之勢)가 적절하다.
　　・ 騎虎之勢(기호지세): '호랑이를 타고 달리는 형세'라는 뜻으로, 이미 시작한 일을 중도에서 그만둘 수 없는 경우

**오답
분석**　① 登高自卑(등고자비): 1. 일을 순서대로 하여야 함 2. 지위가 높아질수록 자신을 낮춤
② 角者無齒(각자무치): 한 사람이 여러 가지 재주나 복을 다 가질 수 없음
④ 脣亡齒寒(순망치한): 서로 이해관계가 밀접한 사이에 어느 한쪽이 망하면 다른 한쪽도 그 영향을 받아 온전하기 어려움

---

08 ①

**정답
해설**　① 득롱망촉(得隴望蜀)은 만족할 줄 모르고 계속 욕심을 부림을 뜻하는 한자성어이다. 따라서 남이 할 수 있는 일이면 나도 할 수 있음을 뜻하는 '말 가는 데 소도 간다'와는 어울리지 않는다.
　　・ 득롱망촉(得隴望蜀): '농을 얻고서 촉까지 취하고자 한다'라는 뜻으로, 만족할 줄 모르고 계속 욕심을 부림
　　・ 말 가는 데 소도 간다: 남이 할 수 있는 일이면 나도 할 수 있음

**오답
분석**　② ・ 교각살우(矯角殺牛): 잘못된 점을 고치려다가 그 방법이나 정도가 지나쳐 오히려 일을 그르침
　　・ 빈대 잡으려다 초가삼간 태운다: 작은 일 때문에 큰일을 그르치게 되는 경우
③ ・ 당랑거철(螳螂拒轍): 제 역량을 생각하지 않고, 강한 상대나 되지 않을 일에 덤벼드는 무모한 행동거지
　　・ 하룻강아지 범 무서운 줄 모른다: 철없이 함부로 덤비는 경우
④ ・ 망양보뢰(亡羊補牢): 이미 어떤 일을 실패한 뒤에 뉘우쳐도 아무 소용이 없음
　　・ 소 잃고 외양간 고친다: 일이 이미 잘못된 뒤에는 손을 써도 소용이 없음을 비꼼

09 ③

정답
해설

③ 孤掌難鳴(고장난명): '외손뼉만으로는 소리가 울리지 않다'라는 뜻으로, 1. 혼자의 힘만으로 어떤 일을 이루기는 어려움 2. 맞서는 사람이 없으면 싸움이 일어나지 않음

10 ②

정답
해설

② 제시문에서 사우는 군주의 과실을 바로잡아야 현명한 것이며 군주가 기뻐하고 노여워하는 데 자신도 마찬가지로 기뻐하고 노여워한다면 아첨하는 것과 같은 것이라고 설명한다. 따라서 괄호 안에 들어갈 한자성어로 적절한 것은 ② 附和雷同(부화뇌동)이다.
   • 附和雷同(부화뇌동): '우레 소리와 함께 한다'라는 뜻으로, 줏대 없이 남의 의견에 따라 움직임

오답
분석

① 勞心焦思(노심초사): 몹시 마음을 쓰며 애를 태움
③ 類類相從(유유상종): 같은 무리끼리 서로 사귐
④ 面從腹背(면종복배): 겉으로는 복종하는 체하면서 내심으로는 배반함

11 ②

정답
해설

② 읍참마속(泣斬馬謖)은 큰 목적을 위하여 자기가 아끼는 사람을 버림을 비유하는 말이므로 문맥상 '감싸 안다'와는 어울리지 않는다. 따라서 한자성어의 쓰임이 옳지 않은 것은 ② 읍참마속(泣斬馬謖)이다.
   • 읍참마속(泣斬馬謖): '울면서 마속의 몸을 벤다'라는 뜻으로, 큰 목적을 위하여 자기가 아끼는 사람을 버림

오답
분석

① 견마지로(犬馬之勞): 윗사람에게 충성을 다하는 자신의 노력을 낮춤
③ 풍수지탄(風樹之嘆): 효도를 다하지 못한 채 어버이를 여읜 자식의 슬픔
④ 불치하문(不恥下問): 손아랫사람이나 지위나 학식이 자기만 못한 사람에게 모르는 것을 묻는 일을 부끄러워하지 않음

12 ②

정답
해설

② 제시문은 다양한 의견을 가진 주체들이 서로 어우러지면서도 야합하지 않는 토론의 장을 만들자고 말하고 있다. 따라서 남과 사이좋게 지내기는 하나 무턱대고 어울리지는 않음을 뜻하는 ② 화이부동(和而不同)이 가장 적절하다.
   • 화이부동(和而不同): '서로 조화를 이루지만 같지는 않다'라는 뜻으로, 남과 사이좋게 지내기는 하나 무턱대고 어울리지는 않음

오답
분석

① 동기상구(同氣相求): 같은 무리끼리 서로 통하고 자연히 모임
③ 동성이속(同聲異俗): 사람이 날 때는 다 같은 소리를 가지고 있으나, 자라면서 그 나라의 풍속으로 인해 서로 달라짐
④ 오월동주(吳越同舟): 서로 적의를 품은 사람들이 한자리에 있게 된 경우나 서로 협력하여야 하는 상황

13 ③

정답
해설

③ 제시문은 자존심을 내세우지 않고 다른 사람에게 묻는 것을 부끄럽게 여기지 않는 상황을 말하고 있다. 따라서 밑줄 친 부분에 들어갈 한자성어로 가장 적절한 것은 ③ 不恥下問(불치하문)이다.
   • 不恥下問(불치하문): '아래에 묻는 것을 부끄러워하지 않다'라는 뜻으로, 손아랫사람이나 지위나 학식이 자기만 못한 사람에게 모르는 것을 묻는 일을 부끄러워하지 않음

오답
분석

① 下石上臺(하석상대): 임시변통으로 이리저리 둘러맞춤
② 後生可畏(후생가외): 후진들이 선배들보다 젊고 기력이 좋아, 학문을 닦음에 따라 큰 인물이 될 수 있으므로 가히 두려움
④ 厚顔無恥(후안무치): 뻔뻔스러워 부끄러움이 없음

14 ②

② 守株待兎(수주대토)는 한 가지 일에만 얽매여 발전을 모르는 어리석은 사람을 비유적으로 이르는 말이다. 나머지 ①, ③, ④, ⑤는 '자신의 뜻을 이루기 위해 노력함'을 뜻하므로 뜻이 가장 다른 것은 ② 守株待兎(수주대토)이다.
- 守株待兎(수주대토): '그루터기를 지키며 토끼를 기다린다'라는 뜻으로, 하나의 일에만 매여 발전을 하지 못하는 우둔한 사람

① 發憤忘食(발분망식): 끼니까지도 잊을 정도로 어떤 일에 열중하여 노력함
③ 自强不息(자강불식): 스스로 힘써 몸과 마음을 가다듬어 쉬지 않음
④ 切磋琢磨(절차탁마): 부지런히 학문과 덕행을 닦음
⑤ 螢雪之功(형설지공): 고생을 하면서 부지런하고 꾸준하게 공부하는 자세

---

15 ③

③ <보기>는 사소한 것을 해결하려다가 크게 일을 그르치는 상황에 대해 설명하고 있으며, 이러한 어리석음을 저질러서는 안 된다고 말하고 있다. 따라서 괄호 안에 들어갈 한자성어로 알맞은 것은 ③ 교각살우(矯角殺牛)이다.
- 교각살우(矯角殺牛): '소의 뿔을 바로 잡으려다 소를 죽인다'라는 뜻으로, 잘못된 점을 고치려다 그 방법이나 정도가 지나쳐 도리어 일을 그르침

① 개과불린(改過不吝): 허물을 고치는 데 인색하지 않음
② 경거망동(輕擧妄動): 경솔하여 생각 없이 망령되게 행동함. 또는 그런 행동
④ 부화뇌동(附和雷同): 줏대 없이 남의 의견에 따라 움직임

---

16 ④

④ 後生可畏(후생가외)는 후배들이 선배들보다 젊고 기력이 좋아, 학문을 닦음에 따라 큰 인물이 될 수 있으므로 두렵다는 말이다. 그러므로 신입생들이 선배들에게 예의를 차릴 줄 모르는 상황과는 어울리지 않는다. 따라서 한자성어의 쓰임이 적절하지 않은 것은 ④ 後生可畏(후생가외)이다.
- 後生可畏(후생가외): '젊은 후학들을 두려워할 만하다'라는 뜻으로, 후진들이 선배들보다 젊고 기력이 좋아, 학문을 닦음에 따라 큰 인물이 될 수 있으므로 가히 두려움

① 口蜜腹劍(구밀복검): 말로는 친한 듯하나 속으로는 해칠 생각이 있음
② 一敗塗地(일패도지): 여지없이 패하여 다시 일어날 수 없게 되는 지경에 이름
③ 首鼠兩端(수서양단): 머뭇거리며 진퇴나 거취를 정하지 못하는 상태

---

17 ②

② 刻骨難忘(각골난망): '뼈에 새길 만큼 잊히지 않는 은혜'라는 뜻으로, 다른 사람에게 입은 은혜가 뼈에 새길 만큼 커서 잊히지 않음

---

18 ③

③ 문맥상 앞 문장인 '형만 한 아우가 없다'라는 말과 대조되는 말이 나와야 적절하다. 따라서 괄호 안에 들어갈 한자성어로 적절한 것은 ③ 靑出於藍(청출어람)이다.
- 형만 한 아우가 없다: 모든 일에 있어 아우가 형만 못함
- 靑出於藍(청출어람): '쪽에서 뽑아낸 푸른 물감이 쪽보다 더 푸르다'라는 뜻으로, 제자나 후배가 스승이나 선배보다 나음

① 管鮑之交(관포지교): 우정이 아주 돈독한 친구 관계
② 犬猿之間(견원지간): 사이가 매우 나쁜 두 관계
④ 草綠同色(초록동색): 서로 적의를 품은 사람들이 한자리에 있게 된 경우나 서로 협력하여야 하는 상황

실전 문제 **2**(DAY 11~20)

정답 한눈에 보기

01 ③	02 ②	03 ②	04 ④	05 ①	06 ①	07 ③	08 ②	09 ②
10 ②	11 ①	12 ③	13 ①	14 ①	15 ③	16 ②	17 ①	18 ④

---

01 ③

정답 해설
③ 제시문에서 김삿갓은 단숨에 시를 줄기차게 쓰고, 그의 시는 일부러 꾸미지 않았는데도 자연스럽고 아름답다고 설명하고 있다. 따라서 괄호 안에 들어갈 가장 적절한 한자성어는 ③ 天衣無縫(천의무봉)이다.
- 天衣無縫(천의무봉): '천사의 옷은 꿰맨 흔적이 없다'라는 뜻으로, 1. 일부러 꾸민 데 없이 자연스럽고 아름다우면서 완전함 2. 완전무결하여 흠이 없음

오답 분석
① 花朝月夕(화조월석): 1. 경치가 좋은 시절 2. 음력 2월 보름과 8월 보름
② 韋編三絶(위편삼절): 책을 열심히 읽음
④ 莫無可奈(막무가내): 달리 어찌할 수 없음

---

02 ②

정답 해설
② 魚魯不辨(어로불변): '어(魚) 자와 노(魯) 자를 구별하지 못한다'라는 뜻으로, 아주 무식함

---

03 ②

정답 해설
② 魚魯不辨(어로불변)은 무식함을 비유해 이르는 말로, 부당 이득을 취한 혐의를 받고 있는 그의 상황과는 어울리지 않는다. 따라서 한자성어의 쓰임이 적절하지 않은 것은 ② 魚魯不辨(어로불변)이다.
- 魚魯不辨(어로불변): '어(魚)자와 노(魯)자를 구별하지 못한다'라는 뜻으로, 아주 무식함

오답 분석
① 捲土重來(권토중래): 1. 한 번 실패하였으나 힘을 회복하여 다시 쳐들어옴 2. 어떤 일에 실패한 뒤에 힘을 가다듬어 다시 그 일에 착수함
③ 吾不關焉(오불관언): 나는 그 일에 상관하지 않음
④ 羊頭狗肉(양두구육): 겉보기만 그럴듯하게 보이고 속은 변변하지 않음

---

04 ④

정답 해설
④ 吾不關焉(오불관언): '나는 관계하지 않다'라는 뜻으로, 나는 그 일에 상관하지 않음

05 ①

정답
해설
① 道聽塗說(도청도설)은 '길에서 듣고 길에서 말한다'라는 뜻으로, 길거리에 퍼져 돌아다니는 뜬 소문을 이르는 말이다. 나머지 ②, ③, ④는 '마음에서 마음으로 뜻을 전함'을 뜻하므로 의미가 가장 다른 것은 ① 道聽塗說(도청도설)이다.
  • 道聽塗說(도청도설): '길에서 듣고 길에서 말한다'라는 뜻으로 길거리에 퍼져 돌아다니는 뜬소문

오답
분석
② 心心相印(심심상인): 말없이 마음과 마음으로 뜻을 전함
③ 拈華微笑(염화미소): 말을 통하지 않고 마음에서 마음으로 전하는 일
④ 以心傳心(이심전심): 마음과 마음으로 서로 뜻이 통함

06 ①

정답
해설
① 제시된 작품의 화자는 고려 왕조의 멸망을 슬퍼하며 탄식하고 있다. 따라서 화자의 정서와 가장 가까운 한자성어는 ① 서리지탄(黍離之歎)이다.
  • 서리지탄(黍離之歎): '나라가 멸망하여 옛 궁궐 터에는 기장만이 무성한 것을 탄식한다'라는 뜻으로, 세상의 영고성쇠가 무상함을 탄식함

오답
분석
② 만시지탄(晩時之歎): 시기가 늦어 기회를 놓쳤음을 안타까워하는 탄식
③ 망양지탄(亡羊之歎): 학문의 길이 여러 갈래여서 한 갈래의 진리도 얻기 어려움
④ 비육지탄(髀肉之歎): 재능을 발휘할 때를 얻지 못하여 헛되이 세월만 보내는 것을 한탄함

07 ③

정답
해설
③ 괄호를 포함한 문장은 고향에 돌아가서 자신의 성공을 자랑하고 싶은 항우가 한 말로, 부귀영화를 얻고도 고향에 돌아가서 자랑하지 않는 것은 아무 보람 없는 행위라고 하고 있다. 따라서 괄호 속에 들어갈 한자성어로 가장 적절한 것은 ③ 금의야행(錦衣夜行)이다.
  • 금의야행(錦衣夜行): '비단옷을 입고 밤길을 다닌다'라는 뜻으로, 1. 자랑삼아 하지 않으면 생색이 나지 않음 2. 아무 보람이 없는 일을 함

오답
분석
① 간명범의(干名犯義): 명분을 거스르고 의리를 어기는 행위
② 읍참마속(泣斬馬謖): 큰 목적을 위하여 자기가 아끼는 사람을 버림
④ 와신상담(臥薪嘗膽): 원수를 갚거나 자신이 목표한 것을 이루기 위해서 어떤 괴로움도 참고 견딤

08 ②

정답
해설
② 雲泥之差(운니지차)는 '구름과 진흙의 차이'라는 뜻으로, 서로 간의 차이가 매우 심함을 이르는 말이다. 문맥상으로 겉과 속이 다르다는 뜻을 가진 한자성어가 들어가야 하므로 적절하다.
  • 雲泥之差(운니지차): '구름과 진흙의 차이'라는 뜻으로, 서로 간의 차이가 매우 심함

오답
분석
① 阿鼻叫喚(아비규환): 여러 사람이 비참한 지경에 빠져 울부짖는 참상
③ 怒氣登天(노기등천): 성이 하늘을 찌를 듯이 머리끝까지 치받쳐 있음
④ 百難之中(백난지중): 온갖 괴로움과 어려움을 겪는 가운데

09 ②

정답
해설
② 他山之石(타산지석): '다른 산의 나쁜 돌이라도 자신의 산의 옥돌을 가는 데에 쓸 수 있다'라는 뜻으로, 본보기가 되지 않은 다른 사람의 말이나 행동도 자신의 지식과 인격을 수양하는 데에 도움이 될 수 있음

10 ②

**정답
해설** ② '길이길이 전할 불후의 양서'를 뜻하는 한자성어이므로 바르게 설명한 것이다.
- 不刊之書(불간지서): 길이길이 전할 불후의 양서

**오답
분석** ① 姑息之計(고식지계): 우선 당장 편한 것만을 택하는 꾀나 방법
③ 十日之菊(십일지국): 이미 때가 늦은 일
④ 浮雲之志(부운지지): 뜬구름과 같은 일시적인 부귀공명을 바라는 마음

11 ①

**정답
해설** ① 弄瓦之慶(농와지경)은 '딸을 낳은 즐거움'을 뜻하는 말로 아들을 얻어 축하한다는 내용과 어울리지 않는다. 따라서 문맥상 적절하지 않은 한자성어는 ① 弄瓦之慶(농와지경)이다.
- 弄瓦之慶(농와지경): '질그릇을 가지고 노는 경사'라는 뜻으로, 딸을 낳은 즐거움

**오답
분석** ② 伯牙絶絃(백아절현): 자기를 알아주는 참다운 벗의 죽음을 슬퍼함
③ 隔靴搔癢(격화소양): 성에 차지 않거나 철저하지 못한 안타까움
④ 掩耳盜鈴(엄이도령): 모든 사람이 그 잘못을 다 알고 있는데 얕은꾀를 써서 남을 속이려 함

12 ③

**정답
해설** ③ ㉠: 어떠한 실물을 보게 되면 그것을 가지고 싶은 욕심이 생김을 뜻하는 見物生心(견물생심)이 적절하다.
- 見物生心(견물생심): '물건을 보면 갖고 싶은 마음이 생긴다'라는 뜻으로, 어떠한 실물을 보게 되면 그것을 가지고 싶은 욕심이 생김
㉡: 큰 차이 없이 거의 같음을 뜻하는 大同小異(대동소이)가 적절하다.
- 大同小異(대동소이): '크게 보면 같고 작게 보면 다르다'라는 뜻으로, 거의 같음
㉢: 좋지 않은 일의 근본 원인이 되는 요소를 완전히 없애 버려서 다시는 그러한 일이 생길 수 없도록 함을 뜻하는 拔本塞源(발본색원)이 적절하다.
- 拔本塞源(발본색원): '나무의 뿌리를 뽑고 근원을 막아 버린다'라는 뜻으로, 좋지 않은 일의 근본 원인이 되는 요소를 완전히 없애 버려서 다시는 그러한 일이 발생하지 않도록 함
㉣: 아주 공평하여 어느 쪽으로도 치우침이 없음을 뜻하는 不偏不黨(불편부당)이 적절하다.
- 不偏不黨(불편부당): '어느 편으로도 치우치지 않는다'라는 뜻으로, 아주 공평함

13 ①

**정답
해설** ① 桑麻之交(상마지교)는 '뽕나무와 삼나무를 벗 삼아 지낸다'라는 뜻으로, 전원에 은거하여 시골 사람들과 사귀며 지냄을 나타내는 말이다. 나머지 ②, ③, ④, ⑤는 '매우 친밀한 벗, 우정'을 뜻하므로 의미가 가장 다른 것은 ① 桑麻之交(상마지교)이다.
- 桑麻之交(상마지교): '뽕나무와 삼나무를 벗 삼아 지낸다'라는 뜻으로, 전원에 은거하여 시골 사람들과 사귀며 지냄

**오답
분석** ② 刎頸之交(문경지교): 생사를 같이할 수 있는 아주 가까운 사이, 또는 그런 친구
③ 膠漆之交(교칠지교): 아주 친밀하여 서로 떨어질 수 없는 교분
④ 金蘭之交(금란지교): 친구 사이의 매우 두터운 정
⑤ 水魚之交(수어지교): 1. 아주 친밀하여 떨어질 수 없는 사이 2. 임금과 신하 또는 부부의 친밀함

14 ①

**정답
해설** ① 拈華示衆(염화시중): '꽃을 따서 무리에게 보여준다'라는 뜻으로, 말로 통하지 않고 마음에서 마음으로 전하는 일

15 ③

③ 제시문은 효녀 지은이 아침과 저녁으로 문안드리며 어머니를 보살피는 모습을 제시하고 있다. 따라서 상황에 가장
적절한 한자성어는 ③ 昏定晨省(혼정신성)이다.
- 昏定晨省(혼정신성): '밤에는 부모의 잠자리를 보아 드리고 이른 아침에는 부모의 밤새 안부를 묻는다'라는 뜻으
로, 부모를 잘 섬기고 효성을 다함

① 肝膽相照(간담상조): 서로 속마음을 털어놓고 친하게 사귐
② 磨斧爲針(마부위침): 아무리 힘든 일이라도 끊임없이 노력하고 끈기 있게 인내하면 성공하게 됨
④ 孤掌難鳴(고장난명): 혼자의 힘만으로 어떤 일을 이루기 어려움

16 ②

② 제시문에서 비판적 사고는 핵심을 벗어나 지엽적인 것을 확대하고 트집 잡는 것과는 거리가 멀다고 설명하고 있다.
따라서 글에서 경계하고자 하는 태도와 유사한 한자성어는 ② 본말전도(本末顚倒)이다.
- 본말전도(本末顚倒): '근본과 끝이 뒤집어지다'라는 뜻으로, 1. 일의 처음과 나중이 거꾸로 됨 2. 일의 근본은 잊
고 보잘것없이 작은 부분에만 집중함

① 격물치지(格物致知): 실제 사물의 이치를 연구하여 지식을 완전하게 함
③ 유명무실(有名無實): 이름만 그럴듯하고 실속은 없음
④ 돈오점수(頓悟漸修): 갑자기 깨달음에 이르는 경지에 도달하기 위해서는 점진적인 수행이 필요함

17 ①

① 朝變夕改(조변석개): '아침저녁으로 뜯어고친다'라는 뜻으로, 어떤 결정이나 계획 등을 일관성 없이 자주 고침

18 ④

④ 제시문은 정든 님이 그리워 잠 못 들어 하는 상황이다. 따라서 밑줄 친 부분과 어울리는 한자성어는 자나 깨나 상
대방을 잊지 못하고 늘 생각함을 뜻하는 ④ 오매불망(寤寐不忘)이다.
- 오매불망(寤寐不忘): '자나 깨나 잊지 못한다'라는 뜻으로, 상대방을 잊지 못하고 늘 생각함

① 동병상련(同病相憐): 어려운 처지에 있는 사람끼리 서로 가엾게 여김
② 불립문자(不立文字): 불도의 깨달음은 말이나 글에 의지하지 않고 마음에서 마음으로 전하는 것임
③ 각골난망(刻骨難忘): 남에게 입은 은혜가 뼈에 새길 만큼 커서 잊히지 않음

실전 문제 3 (DAY 21~30)

정답 한눈에 보기

01 ③	02 ④	03 ③	04 ④	05 ②	06 ①	07 ③	08 ④	09 ③
10 ①	11 ①	12 ④	13 ①	14 ③	15 ①	16 ②	17 ④	18 ④

01 ③

정답 해설
③ '별천지가 전개되고 모두가 행복하게 살아가는 마을'이라는 구절을 보았을 때, '이상향', '별천지'를 이르는 말인 ③ 武陵桃源(무릉도원)이 적절하다.
- 武陵桃源(무릉도원): '복숭아꽃이 핀 언덕'이라는 뜻으로, '이상향', '별천지'를 비유적으로 이르는 말

오답 분석
① 安分知足(안분지족): 편안한 마음으로 제 분수를 지키며 만족할 줄을 앎
② 簞瓢陋巷(단표누항): 선비의 청빈한 생활
④ 風月主人(풍월주인): 맑은 바람과 밝은 달 등의 아름다운 자연을 즐기는 사람

02 ④

정답 해설
④ 羊頭狗肉(양두구육)은 '양의 머리를 걸어놓고 개고기를 판다'라는 뜻으로, 겉보기만 그럴듯하게 보이고 속은 변변하지 않음을 이르는 말이다. 따라서 한자성어의 풀이로 알맞은 것은 ④ 羊頭狗肉(양두구육)이다.
- 羊頭狗肉(양두구육): '양의 머리를 걸어 놓고 개고기를 판다'라는 뜻으로, 겉보기만 그럴듯하게 보이고 속은 변변하지 않음

오답 분석
① 見蚊拔劍(견문발검): 사소한 일에 크게 성내어 덤빔
② 肝膽相照(간담상조): 서로 속마음을 털어놓고 친하게 사귐
③ 中原逐鹿(중원축록): 1. 군웅이 제왕의 지위를 얻으려고 다투는 일 2. 서로 경쟁하여 어떤 지위를 얻고자 하는 일

03 ③

정답 해설
③ '언 발에 오줌 누기'는 임시변통은 될지 모르나 그 효력이 오래가지 못할 뿐만 아니라 사태가 더 나빠짐을 비유하는 말이고, '雪上加霜(설상가상)'은 난처한 일이나 불행한 일이 잇따라 일어남을 이르는 말이다. 따라서 서로 관련이 없는 것은 ③이다.
- 언 발에 오줌 누기: '언 발을 녹이려고 오줌을 누어 봤자 효력이 별로 없다'라는 뜻으로, 임시변통은 될지 모르나 그 효력이 오래가지 못할 뿐만 아니라 결국에는 사태가 더 나빠짐
- 雪上加霜(설상가상): '눈 위에 서리가 덮인다'라는 뜻으로, 난처한 일이나 불행한 일이 잇따라 일어남

오답 분석
① 원님 덕에 나팔 분다: 남의 덕으로 당치도 않은 행세를 하게 되거나 그런 대접을 받고 우쭐대는 모양
- 狐假虎威(호가호위): 남의 권세를 빌려 위세를 부림
② 소 잃고 외양간 고친다: 일이 이미 잘못된 뒤에는 손을 써도 소용이 없음을 비꼼
- 晩時之歎(만시지탄): 시기에 늦어 기회를 놓쳤음을 안타까워하는 탄식
④ 낫 놓고 기역자도 모른다: 아주 무식함
- 目不識丁(목불식정): 아주 까막눈임

04 ④

정답 해설

④ '불법(佛法)에 귀의한 사람들'이라는 의미를 가진 한자성어는 ④ 善男善女(선남선녀)이다.
- 善男善女(선남선녀): 1. '성품이 착한 남자와 여자'라는 뜻으로, 착하고 어진 사람들 2. 곱게 단장을 한 남자와 여자 3. 불법에 귀의한 남자와 여자

오답 분석

① 匹夫匹婦(필부필부): 평범한 남녀
② 樵童汲婦(초동급부): 평범한 사람
③ 夫唱婦隨(부창부수): 남편이 주장하고 아내가 이에 잘 따름. 또는 부부 사이의 그런 도리

05 ②

정답 해설

② 三顧草廬(삼고초려): '오두막에 세 번 찾아가다'라는 뜻으로, 인재를 맞아들이기 위하여 참을성 있게 노력함

06 ①

정답 해설

① ㉠: '그'는 고집을 꺾지 않는 인물로 나타나 있으므로 ㉠에는 搖之不動(요지부동)이 적절하다.
- 搖之不動(요지부동): 흔들어도 꼼짝하지 않음

㉡: '고래 싸움에 새우 등 터진다'라는 속담은 아무 상관없는 약자가 중간에 끼어 피해를 당한다는 의미이므로 ㉡에는 間於齊楚(간어제초)가 적절하다.
- 間於齊楚(간어제초): '제나라와 초나라의 사이'라는 뜻으로, 강자들 틈에 약자가 끼어서 괴로움을 겪음

㉢: 뛰어난 인물도 좋은 동료를 만나지 못하면 성공하기 힘들다는 내용이므로 ㉢에는 蓋世之才(개세지재)가 적절하다.
- 蓋世之才(개세지재): 세상을 뒤덮을 만큼 뛰어난 재주. 또는 그 재주를 가진 사람

07 ③

정답 해설

③ 同價紅裳(동가홍상): '같은 값이면 다홍치마'라는 뜻으로, 같은 값이면 좋은 물건을 가짐

08 ④

정답 해설

④ 제시문에서 '박생'은 죽음을 직감하고, 집안일을 정리하는데 몰두하였으며, 스스로 다시는 일어나지 못하리라는 것을 알았다는 상황을 제시하고 있다. 따라서 박생의 삶의 태도로 가장 적절한 한자성어는 ④ 생기사귀(生寄死歸)이다.
- 생기사귀(生寄死歸): '삶은 잠시 머무르는 것이고 죽음은 돌아간다'라는 뜻으로, 사람이 이 세상에 사는 것은 잠시 머무는 것일 뿐이며 죽는 것은 원래 자기가 있던 본집으로 돌아가는 것임

오답 분석

① 안빈낙도(安貧樂道): 가난한 생활을 하면서도 편안한 마음으로 도를 즐겨 지킴
② 방약무인(傍若無人): 곁에 사람이 없는 것처럼 아무 거리낌 없이 함부로 말하고 행동하는 태도가 있음
③ 살신성인(殺身成仁): 자기의 몸을 희생하여 인을 이룸
⑤ 조이불망(釣而不網): 모든 일에 정도를 지키는 훌륭한 인물의 태도

09 ③

정답 해설

③ 연목구어(緣木求魚)는 도저히 불가능한 일을 굳이 하려 함을 나타내는 한자성어이다. 따라서 해 줄 사람은 생각지도 않는데 미리부터 다 된 일로 알고 행동함을 뜻하는 '김칫국부터 마신다'와는 어울리지 않는다.
- 緣木求魚(연목구어): '나무에 올라가서 물고기를 구한다'라는 뜻으로, 도저히 불가능한 일을 굳이 하려 함
- 김칫국부터 마신다: 해 줄 사람은 생각지도 않는데 미리부터 다 된 일로 알고 행동함

오답
분석
① • 감탄고토(甘吞苦吐): 자신의 비위에 따라서 사리의 옳고 그름을 판단함
　• 달면 삼키고 쓰면 뱉는다: 옳고 그름이나 신의를 돌보지 않고 자기의 이익만 꾀함
② 부화뇌동(附和雷同): 줏대 없이 남의 의견에 따라 움직임
　• 망둥이가 뛰면 꼴뚜기도 뛴다: 남이 한다고 하니까 분별없이 덩달아 나섬
④ 아전인수(我田引水): 자기에게만 이롭게 되도록 생각하거나 행동함
　• 제 논에 물 대기: 자기에게만 이롭도록 일을 하는 경우

10 ①

정답
해설
① 견토지쟁(犬兔之爭)은 두 사람의 싸움에 제삼자가 이익을 봄을 뜻하는 말이다. 문맥상 '형제 사이'와 어울리지 않는다. 따라서 한자성어의 쓰임이 바르지 않은 것은 ① 견토지쟁(犬兔之爭)이다.
　• 견토지쟁(犬兔之爭): '개와 토끼의 다툼'이라는 뜻으로, 두 사람의 싸움에 제삼자가 이익을 봄

오답
분석
② 괄목상대(刮目相對): 남의 학식이나 재주가 놀랄 만큼 부쩍 늚
③ 각주구검(刻舟求劍): 융통성 없이 현실에 맞지 않는 낡은 생각을 고집하는 어리석음
④ 절치부심(切齒腐心): 몹시 분하여 이를 갈며 속을 썩임
⑤ 다기망양(多岐亡羊): 1. 두루 섭렵하기만 하고 전공하는 바가 없어 끝내 성취하지 못함 2. 방침이 많아서 도리어 갈 바를 모름

11 ①

정답
해설
① 頂門一鍼(정문일침): '정수리에 침을 놓는다'라는 뜻으로, 따끔한 충고나 교훈

12 ④

정답
해설
④ 제시문은 선비가 갖추어야 할 덕목에 대해 설명하고 있다. 선비가 갖추어야 할 덕목과 거리가 먼 한자성어는 ④ 梁上君子(양상군자)이다.
　• 梁上君子(양상군자): '들보 위의 군자'라는 뜻으로, 도둑을 완곡하게 이르는 말

오답
분석
① 見利思義(견리사의): '눈앞의 이익을 보면 의리를 먼저 생각함'이라는 뜻으로, 제시문의 '선비는 개인의 이익보다 사회 정의를 생각하며 행동하고 살아간다'에서 관련된 내용을 확인할 수 있다.
② 勞謙君子(노겸군자): '큰 공로가 있으면서도 겸손한 군자'라는 뜻으로, 제시문의 '자신을 낮추는 자세'에서 관련된 내용을 확인할 수 있다.
③ 修己安人(수기안인): '자신을 수양한 이후에 남을 다스려야 함'이라는 뜻으로, 제시문의 '자신의 인격을 완성하고 그것을 통해 모든 사람에게 평안한 삶을 살게 하는 것'에서 관련된 내용을 확인할 수 있다.

13 ①

정답
해설
① 논공행상(論功行賞)은 공적에 따라 상을 주는 일을 나타내는 말이다. 문맥상 '그의 신하를 벌하였다'와 어울리지 않는다. 따라서 한자성어의 쓰임이 옳지 않은 것은 ① 논공행상(論功行賞)이다.
　• 논공행상(論功行賞): '공로를 논하여 상을 내린다'라는 뜻으로, 공적의 크고 작음 등을 논의하여 그에 알맞은 상을 줌

오답
분석
② 초근목피(草根木皮): 맛이나 영양이 없는 거친 음식
③ 반포지효(反哺之孝): 자식이 자란 후에 어버이의 은혜를 갚는 효성
④ 각고면려(刻苦勉勵): 어떤 일에 고생을 무릅쓰고 몸과 마음을 다하여, 무척 애를 쓰면서 부지런히 노력함

14 ③

정답 해설

③ 千載一遇(천재일우)는 좀처럼 만나기 어려운 좋은 기회를 이르는 말이다. 문맥상 '문제의 핵심을 꿰뚫어보는 능력'과는 어울리지 않는다. 따라서 한자성어의 사용이 적절하지 않은 것은 ③ 千載一遇(천재일우)이다.
- 千載一遇(천재일우): '천 년 동안 단 한 번 만난다'라는 뜻으로, 좀처럼 만나기 어려운 좋은 기회

오답 분석

① 癡人說夢(치인설몽): 허황된 말을 지껄임
② 不恥下問(불치하문): 손아랫사람이나 지위나 학식이 자기만 못한 사람에게 모르는 것을 묻는 일을 부끄러워하지 않음
④ 傾蓋如舊(경개여구): 처음 만나 잠깐 사귄 것이 마치 오랜 친구 사이처럼 친함

15 ①

정답 해설

① 街談巷說(가담항설): '거리에서의 이야기'라는 뜻으로, 길거리나 항간에 떠도는 소문

16 ②

정답 해설

② • 進退維谷(진퇴유곡): '나아갈 곳도, 물러날 곳도 오직 골짜기뿐이다'라는 뜻으로, 이러지도 저러지도 못하고 꼼짝할 수 없는 궁지
- 送舊迎新(송구영신): '오래된 것을 보내고 새것을 맞는다'라는 뜻으로, 묵은해를 보내고 새해를 맞음
- 目不忍見(목불인견): '눈으로 참고 볼 수 없을 정도'라는 뜻으로, 눈앞에 벌어진 상황을 차마 눈 뜨고 볼 수 없음
- 溫故知新(온고지신): '옛 것을 익히고 그것을 미루어서 새것을 안다'라는 뜻으로, 옛것을 연구하여 새로운 지식이나 도리를 앎

17 ④

정답 해설

④ 연목구어(緣木求魚)는 '나무에 올라가서 물고기를 구한다'라는 뜻으로, 도저히 불가능한 일을 굳이 하려 함을 비유적으로 이르는 말이며, 불가능함, 모순, 융통성이 없음의 의미를 갖는다. 문맥상 '그 사람이 경제적으로 매우 어려운 상황에서 성공한 것'과 '불가능함'은 어울리지 않는다. 따라서 한자성어의 쓰임이 적절하지 않은 것은 ④ 연목구어(緣木求魚)이다.
- 연목구어(緣木求魚): '나무에 올라가서 물고기를 구한다'라는 뜻으로, 도저히 불가능한 일을 굳이 하려 함

오답 분석

① 좌고우면(左顧右眄): 앞뒤를 재고 망설임
② 암중모색(暗中摸索): 1. 어림으로 무엇을 알아내려 함 2. 은밀한 가운데 일의 실마리나 해결책을 찾아내려 함
③ 침소봉대(針小棒大): 작은 일을 크게 불리어 떠벌림

18 ④

정답 해설

④ 제시문은 사악한 행동을 했던 '교씨'가 결국 벌을 받고, 모함을 받고 쫓겨난 '사씨'가 누명을 벗고 다시 집으로 돌아온 상황을 설명하고 있다. 따라서 이 상황에 어울리는 한자성어는 ④ 사필귀정(事必歸正)이다.
- 사필귀정(事必歸正): '모든 일은 반드시 바르게 돌아간다'라는 뜻으로, 올바르지 못한 것들은 오래 가지 못하고, 결국 올바른 것에 지게 되어 있음

오답 분석

① 교언영색(巧言令色): 아첨하는 말과 알랑거리는 태도
② 절치부심(切齒腐心): 몹시 분하여 이를 갈며 속을 썩임
③ 만시지탄(晚時之歎): 시기에 늦어 기회를 놓쳤음을 안타까워하는 탄식

색인

암기한 한자성어를 더 오래~ 기억하는!
신민숙 필수 한자성어 300 색인 200% 활용법

**혼자서 복습할 때
3초 체크!**

수록된 모든 한자성어를
훑어보며 3초 안에
뜻을 기억할 수 있는지
체크!

**스터디원과 함께
서로 체크!**

각자 3초 체크!를 진행하고,
잘 외워지지 않는
한자성어는 스터디원과
체크!

**시험 10분 전에
마지막 체크!**

시험 10분 전, 파란색으로
표시된 빈출
한자성어를 다시 한번
체크!

* 빈출 한자성어는 파란색 으로 표시되어 있습니다.

MEMO